L'apprentissage des langues à l'école : diversité des pratiques

www.librairieharmattan.com
diffusion.harmattan@wanadoo.fr
harmattan1@wanadoo.fr

ISBN : 2-7475-9656-7
EAN : 9782747596565

Coordonné par
Dominique DELASALLE

L'apprentissage des langues à l'école : diversité des pratiques

Tome 1

L'Harmattan
5-7, rue de l'École-Polytechnique ; 75005 Paris
FRANCE

L'Harmattan Hongrie
Könyvesbolt
Kossuth L. u. 14-16
1053 Budapest

Espace L'Harmattan Kinshasa
Fac..des Sc. Sociales, Pol. et
Adm. ; BP243, KIN XI
Université de Kinshasa – RDC

L'Harmattan Italia
Via Degli Artisti, 15
10124 Torino
ITALIE

L'Harmattan Burkina Faso
1200 logements villa 96
12B2260
Ouagadougou 12

Recherches et innovations

sur et pour des enseignants et des formateurs

Collection dirigée par André de Peretti, Jean Guglielmi, Dominique Violet

La formation des enseignants et des formateurs nécessite des recherches et des innovations qui se distribuent sur un continuum allant de la maîtrise des savoirs à la maîtrise professionnelle et pour un autre qui lui est othogonal de la formation initiale à la formation continuée voire à l'éducation permanente.

D'origines différentes ces recherches et ces innovations restent confidentielles et réservées à un petit cercle de professionnels informés. Or, ces nombreux travaux d'études et de recherches sont indispensables aux chercheurs, aux praticiens de l'enseignement et de la formation toujours en quête de solutions pour les multiples problèmes qu'ils rencontrent. Il faut par conséquent faire circuler cette information. C'est le but de cette collection car enseignants, formateurs, chercheurs en éducation et décideurs sont en mesure d'en bénéficier si elle leur est communiquée dans une forme « allant à l'essentiel », format, nombre de pages limité, résumés et mots clefs significatifs.

Déjà parus

Christian GÉRARD, *Diriger dans l'incertain*, 2005.

Cécile ALBERT, *Éducation de la personne et pédagogies innovantes*, 2005.

Yves DURAND, *Une technique d'étude de l'imaginaire* 2005

Anne LE ROUX (Coordonnatrice), *Enseigner l'histoire-géographie par le problème ?*, 2004.

Christian PELLOIS, Enseignement et Formation, tome I : du rationnel au complexe, 2002

Christian PELLOIS, *Enseignement et Formation : le développement de la personne, tome II : le complexe*, 2003

LE ROUX, LERBET SERENI, BAILLEUL (éd.), *le mémoire professionnel en IUFM et son accompagnement*, 2003.

SOMMAIRE

TOME 1

L'apprentissage des langues à l'école : diversité des pratiques

Actes des universités d'automne

2001 & 2002

Avant-propos

DOMINIQUE DELASALLE
MCF, IUFM DE BASSE NORMANDIE

L'institut Universitaire de Formation des maîtres de Caen est situé à l'extrémité nord de la ville, tout près d'une des routes qui mènent vers la Côte de Nacre, lieu de villégiature bien connu des touristes français et étrangers, mais aussi lieu chargé d'histoire. Il y a presque soixante ans maintenant, des soldats venus du monde entier débarquèrent sur les plages de la région, libérant une à une les communes du département. Un des aspects de cet évènement que l'on passe sous silence est la soudaine confrontation d'univers culturels, mais aussi langagiers totalement différents. On sait que la pédagogie des langues a fait un bond en avant juste après la seconde guerre mondiale, notamment du fait des expériences menées dans ce domaine pendant le conflit afin de préparer au mieux certains soldats à infiltrer les lignes ennemies. On oublie que nombre de participants à la guerre et de témoins de l'époque ont soudain entendu des langues étrangères dont, des années après, il leur reste quelques bribes en mémoire. Ces quelques mots retenus sont anecdotiques, souvent mal prononcés par ceux qui les répètent. Ils témoignent cependant d'une première ouverture aux langues parlées par d'autres ainsi que du solide ancrage en mémoire de mots étrangers entendus dans des circonstances exceptionnelles. De nos jours, c'est à l'école, en milieu institutionnel, et dans un climat plus serein que la plupart des petits Normands, comme presque tous les enfants du territoire, découvrent une langue et une culture étrangère qu'il importe de leur enseigner le mieux possible.

C'est dans la ville de Caen où se dresse maintenant un mémorial de la Paix à la renommée internationale, lieu où se côtoient chaque jour des touristes du monde entier aux multiples idiomes, que s'est déroulée, en octobre 2001 et 2002, dans les locaux de l'Institut Universitaire de Formation des maîtres, une université d'automne consacrée à l'enseignement/ apprentissage des langues à l'école. Autres temps, autres mœurs, les langues sont maintenant facteurs d'unité et d'intercompréhension au sein de l'Europe.

Il n'est pas anodin que ces deux sessions de formation nationale se soient déroulées dans un centre de formation des maîtres. En effet, que l'on soit pour ou contre, il faut tenir compte de ce principe de réalité : dans un avenir plus ou moins proche, ce sont bien les maîtres du primaire qui seront majoritairement en charge de cet enseignement, et non pas d'une initiation, comme un article du Monde de l'Education le laissait encore penser.[1]

Puisque ce sont à l'avenir les instituteurs et les professeurs des écoles qui seront responsables du début de l'apprentissage d'une langue étrangère, il est impératif de s'interroger sur leur formation dans le domaine des langues et des cultures étrangères. Comment les former pour qu'à leur tour ils aident au mieux les élèves dans leur long parcours d'apprentissage des langues ? Cette question essentielle sera abordée, bien évidemment. Il nous faudra aussi réfléchir sur le bien-fondé de nos pratiques actuelles, confronter nos points de vue, élargir l'horizon des possibles pour nous et nos élèves. Une université d'automne est, ne l'oublions pas, une action qui entre dans le cadre du pilotage national. C'est une action de formation continue financée par notre employeur. Ceci nous oblige à prendre en compte de multiples contraintes. Nous ne pouvons en faire abstraction comme certains linguistes fort médiatisés se le permettent. Dans le contexte scolaire français, nous avons tous à l'esprit la contrainte des programmes ou autres référentiels. L'apprentissage d'une langue à l'école constitue encore une relative nouveauté dans notre paysage scolaire où l'on est d'abord passé par des phases de sensibilisation, puis d'initiation aux langues. La demande est ambitieuse et nous savons les uns et les autres que la généralisation de l'apprentissage d'une langue en grande section de maternelle, un moment envisagée, se heurterait à un obstacle majeur et fort tangible pour tous les responsables départementaux et académiques des langues : le manque de personnel bien formé. Enseigner une langue ne s'improvise pas, ni au cycle 3, ni au

[1] Laurent Ott, *« Une juste cause bien mal servie »,* Le Monde de l'éducation, Octobre 2001.

cycle 2. Il faut avoir le courage de dénoncer des prises de position opportunistes qui manquent de tout bon sens. Lors de réunions académiques sur les langues, des opinions complètement contradictoires ont été exprimées à quelques mois d'intervalle. Après « tous les enseignants du primaire peuvent enseigner l'anglais, ils en ont tous fait au lycée », on a pu entendre dire par la suite « pourvu que l'on ait de bons linguistes et tant pis s'ils ne sont pas pédagogues ». De tels propos sont inacceptables dans la bouche de responsables à quelque niveau hiérarchique qu'ils soient. Faut-il rappeler que M. Jack Lang, alors ministre de l'éducation nationale, a affirmé dans son discours de Janvier 2001 sur les langues : « La réussite du plan de généralisation des langues vivantes à l'école primaire ne se mesure pas aux seules données quantitatives. Les aspects qualitatifs sont primordiaux. »

Nous nous demanderons donc comment garantir une généralisation qualitativement acceptable. Si l'opération réussit, une autre inquiétude est de mise : l'on est en droit de s'interroger sur la façon dont évoluera l'enseignement/ apprentissage de la langue étrangère au collège. On compte déjà nombre de professeurs d'anglais insatisfaits de la nouvelle hétérogénéité en langues des classes de 6ème. On sait aussi que beaucoup d'élèves perdent tout enthousiasme à leur arrivée au collège ; nombreux sont ceux par exemple qui se plaignent de n'être plus évalués qu'à l'écrit.

Il est une autre question qui mérite d'être posée : tout le monde s'accorde à dire que les jeunes enfants sont plus vifs, évolués, précoces que ceux des générations précédentes. Ne devrait-on pas songer à ouvrir le plus tôt possible leurs esprits à d'autres cultures et d'autres langues ? Ce serait peut-être un garant contre les fanatismes de tout crin. Cette opportunité nouvelle doit aller de pair avec la volonté de permettre à tout enfant de découvrir une autre langue et une autre culture de façon aussi positive et constructive que possible. L'enfant d'aujourd'hui, l'adulte de demain devra vivre dans un monde à la complexité croissante. Les problèmes et leurs solutions s'envisagent de plus en plus à l'échelle planétaire. Aller jeune à la rencontre de l'autre, de sa langue et de sa culture, peut contribuer à adopter des attitudes moins égocentriques et aider à penser le monde dans sa complexité.

Il ne s'agit pas de rayer d'un trait de plume tout ce qui s'est fait jusqu'alors. C'est en terme de nouvelles orientations qu'il faut envisager notre travail. Il importe de réussir à intégrer d'anciennes pratiques dans de nouveaux projets qui ont un sens pour l'enfant et débouchent si possible sur des réalisations tangibles. L'épistémologie, l'histoire des disciplines scolaires et de leur enseignement, indique bien qu'en termes de pédagogie, il n'y a jamais de révolutions, seulement des évolutions rendues possibles par des contextes favorables. Sans l'élan donné par la construction européenne et quelques ministres à l'écoute des linguistes, mais aussi des parents d'élèves, se serait-on lancé en France, pays connu, à tort peut-être, pour sa frilosité en matière d'éducation aux langues, dans une généralisation de l'apprentissage des langues dans le primaire ? Nous avons eu le vent en poupe pendant quelques années, mais déjà on peut avoir l'impression d'un calme plat alors même que la didactique des langues à l'école est en plein essor, que des universitaires s'intéressent à ce sujet, que partout des équipes ont réussi à inventer des solutions qui ont permis de développer en peu de temps l'enseignement des langues au cycle 3.
Bien sûr, les pratiques et dispositifs actuels sont largement perfectibles. Nous avons tous travaillé dans l'urgence, pressés par des exigences souvent restées d'ordre quantitatif. Nous sommes maintenant arrivés à un seconde étape de la généralisation. Les préoccupations qualitatives sont à l'ordre du jour. Mme Scoffoni, Inspectrice générale, le souligne dans deux de ses rapports sur le sujet. La qualité de l'enseignement/ apprentissage a toujours été le souci principal des formateurs à tout niveau, mais, la plupart du temps, divers impératifs ne leur ont guère laissé le temps d'approfondir la réflexion à ce sujet.
Pourtant, en termes d'innovations possibles, les atouts ne manquent pas. Comme les langues étrangères sont une discipline nouvelle à l'école, les pratiques de classe ne sont pas encore figées. Développement des langues à l'école et développement de l'utilisation des outils multimédia sont concomitants. C'est une chance pour que l'intégration des nouvelles technologies soit réussie dans le domaine de l'apprentissage des langues. Mais il faut penser aussi en termes de faisabilité des projets. Beaucoup d'écoles, rurales notamment, en sont encore à s'équiper : un ordinateur par

classe, ni vidéo projecteur, ni locaux, ni moyens pour créer une salle informatique. Le principe de réalité se fait sentir. Ce sont les municipalités qui financent les équipements et les écarts en termes d'investissements sont parfois énormes entre villes et villages.
Malgré tout, l'enseignement d'une langue étrangère doit se mettre en place. Comme il est mis en oeuvre par une grande diversité d'intervenants, l'hétérogénéité des compétences acquises en fin de parcours à l'école est considérable. Beaucoup d'intervenants sont pleins de bonne volonté, mais manquent d'informations et de formation. « On ne s'improvise pas professeur de langue, que l'on soit locuteur natif de cette langue ou bon pédagogue du premier degré[2]», affirme Mme Scoffoni dans son rapport sur le suivi de la qualité de l'enseignement des langues dans le primaire. Elle fait aussi remarquer que « la prononciation des élèves n'est pas meilleure lorsque le maître est locuteur natif, mais mauvais pédagogue [3] ». Dans un rapport antérieur, elle affirmait : « les assistants étrangers demeurent des personnels indispensables comme référents culturels et devront, à court terme, être employés à d'autres tâches que l'enseignement solitaire face à des élèves, tâche pour laquelle ils ne sont ni préparés, ni formés[4]».
Les impératifs d'une formation de qualité à tous les niveaux pèsent sur chacun d'entre nous. D'ailleurs des tâches de formation sont souvent dévolues à du personnel qui n'a pas été formé pour les assumer. Comme à l'ordinaire, chacun fait au mieux, mais, dans ce domaine aussi, des progrès sont nécessaires. Il est difficile de prendre le recul et la distance indispensables pour organiser une action de formation quand on est soi même sur le terrain afin de prodiguer des enseignements partout où personne d'autre ne peut le faire, tout en assurant la bonne marche du dispositif. Il faut retenir quelques chiffres : en

---

[2] Scoffoni Annie, *Rapport sur le suivi de la qualité de l'enseignement des langues à l'école primaire*, Juin 2002, Ministère de l'éducation nationale, p. 36
[3] Idem, p. 28.
[4]Belletto-Sussel, Scoffoni, Richon, *L'enseignement des langues étrangères à l'école primaire*, Rapport n°2001-05, Ministère de l'éducation nationale, p.28.

1999/2000 seulement 8% des classes bénéficiaient d'un enseignement pendant 36 semaines. Pour les autres, c'est à dire 92%, il incombait au maître, aidé ou pas par des personnes ressources, d'imaginer des solutions pour entretenir les savoirs et compétences en cours d'acquisition. Ce problème n'est pas suffisamment pris en considération et explique en partie les écarts constatés à l'entrée en 6ème.

Des tâches multiples attendent donc les uns et les autres. Mais il importe de souligner aussi l'aspect positif de la situation : de nouveaux projets pluri et interdisciplinaires peuvent être développés du fait de la généralisation de l'enseignement/ apprentissage des langues au cycle 3. Il existe cependant un obstacle majeur au développement de tels projets. Du fait même de la spécialisation en langues des formateurs et de la densité de leurs semaines de travail, souvent perturbées par des problèmes organisationnels, ils ont d'ordinaire peu ou pas de temps à consacrer à la réflexion sur de tels projets, encore moins à l'élaboration de projets. Au cours des deux universités d'automne organisées à l'IUFM de Caen, nous espérons avoir offert un espace de créativité et d'inventivité, l'occasion d'élargir le champ de compétences de chacun pour permettre aux élèves d'aborder une langue et une culture dans une démarche poly sensorielle adaptée aux enfants. Certains d'entre nous, grâce à l'atelier musique - danses traditionnelles, ont eu l'occasion de renouer avec des pratiques antérieures pour partager ensuite avec les élèves un pan de la culture de l'autre. On peut imaginer la joie de ces enfants qui, un jour peut être, chanteront à l'unisson avec leurs correspondants ou entrerons dans la même danse.

Il est nécessaire aussi, pour aider les élèves à affronter un monde en pleine évolution, de se tourner vers l'avenir. Il est regrettable de lire sous la plume d'Edgar Morin la remarque suivante : « Est souvent absente de l'enseignement une dimension essentielle : l'art d'organiser sa pensée, de relier et de distinguer à la fois[5] ». Apprendre une langue, découvrir une culture, c'est une occasion à saisir pour relier les connaissances entre elles, pour repérer les ressemblances et les différences,

[5] Morin E., *« Introduction aux journées thématiques », Relier les connaissances, le défi du XXI siècle*, Seuil, 1999, p. 13.

dans l'organisation des systèmes, linguistiques notamment. C'est aussi avoir l'occasion d'intégrer des savoirs particuliers dans un contexte global, et pourquoi pas un jour dans sa propre vie. Langue et identité sont interdépendants, la langue a une dimension sociale, mais on oublie parfois sa dimension intime. Faire sienne une autre langue, c'est souvent modifier son identité.

Comment relever le défi d'une généralisation réussie de l'enseignement/apprentissage des langues à l'école? Plusieurs intervenants ont proposé des pistes, apporté les preuves qu'une démarche d'ouverture positive est à la fois possible et fructueuse. Cette démarche s'inscrit d'ailleurs à la fois dans la pédagogie du projet et dans le cadre de la polyvalence du maître. De plus en plus souvent, le maître aura à enseigner à la fois la langue de l'école et une langue étrangère pour lui et les enfants. A lui revient aussi la tâche de construire des passerelles entre ces deux univers langagiers. C'est lui aussi qui incitera les élèves à adopter une attitude réflexive qui est une des clefs pour le développement de l'autonomie de l'élève.

D'autres instituts, plus renommés que les IUFM, ont depuis longtemps compris l'intérêt de rassembler en un même lieu des individus passionnés par le même sujet. Nous avons eu la chance que contribue au succès des universités d'automne une grande variété de participants et d'intervenants : maîtres itinérants, personnes ressources, chargés de mission langues, personnel du premier et du second degré, formateurs en IUFM, inspecteurs de l'éducation nationale, inspecteurs pédagogiques régionaux représentant diverses langues, maîtres de conférences et professeurs des universités, mais aussi musiciens, professeurs de musique, d'arts plastiques, de mathématiques, de français, d'EPS. Cette variété constituait déjà une richesse en soi. Chacun a pu tirer profit des ressources et de l'expérience des autres. Lors de la seconde université d'automne, des ateliers filés ont été un espace privilégié d'échanges et de partage d'expériences. Leur durée a donné le temps de découvrir les pratiques des collègues et d'élaborer de nouvelles propositions.

Ces deux universités d'automne ont été des sessions de formation fructueuse, formation de proximité, formation au contact des autres, formation où créativité et inventivité ont eu droit de citer. Toutefois, en quelques jours, nous n'avons pas pu être exhaustifs. Mais si les uns et les autres sont repartis avec des idées nouvelles, des représentations en évolution sur ce que peut être l'ouverture à d'autres langues et à d'autres cultures, de l'enthousiasme et le désir de réussir cette véritable révolution culturelle à laquelle pourrait aboutir une généralisation bien menée de l'enseignement/apprentissage des langues à l'école, nous n'aurons pas perdu notre temps. Saisissons l'occasion de faire bouger les choses et de bousculer les idées reçues. Alain Bentolita, à la suite d'une conférence à Caen, parlait encore il y a quelque temps « de l'incapacité chronique » à enseigner les langues en France. Prouvons ensemble qu'à condition qu'on nous en donne les moyens, nous saurons relever le défi d'un enseignement/apprentissage des langues plus précoce dans le respect des cultures des élèves.

Chapitre 1
Langues au pluriel

PARLER SA LANGUE, C'EST BIEN, EN APPRENDRE D'AUTRES, C'EST MIEUX.

HENRIETTE WALTER, PROFESSEUR EMERITE DE LINGUISTIQUE,

A l'heure où l'on craint les effets néfastes de la mondialisation sur la diversité des cultures et de leurs modes de diffusion, des voix s'élèvent un peu partout pour mettre en garde contre la tendance naturelle à s'enfermer dans une seule langue, sa propre langue. En même temps se dresse le spectre du "tout anglais", une langue au double visage : à la fois moyen de communication aux formes grandement simplifiées mais aussi grande langue de civilisation, porteuse d'une vision spécifique du monde et véhicule d'une littérature de valeur universelle.

Cette mise en vedette inévitable de l'anglais, langue internationale omniprésente, a eu pour résultat de faire de l'ombre aux autres langues qui nous entourent, tous ces idiomes qui ont tissé au cours des siècles la personnalité multiforme de l'Europe. Afin de ne rien perdre de cette richesse culturelle, on prend soudain conscience que le seul moyen de résister à l'uniformisation qui nous guette est de favoriser l'apprentissage des langues.

Or on a coutume de dire qu'en France on n'est pas doué pour les langues et qu'on ne connaît vraiment que la langue française : une idée qui a eu cours durant tout le XXe siècle mais qui devrait peu à peu se modifier grâce à une analyse objective de la situation linguistique de l'Europe, dont la diversité est une réalité omniprésente, à examiner sans se laisser impressionner par les difficultés à surmonter.

Des langues diverses, mais avec des voies de passage

Quand on regarde une carte de l'Europe sous l'angle des langues qu'on y parle, on ne peut qu'être frappé - certains le sont avec admiration, d'autres avec appréhension - par la prodigieuse diversité des idiomes qui s'y sont développés au cours des siècles et des millénaires. En même temps, il faut rappeler que la plupart de ces langues appartiennent à la même famille, la grande famille indo-européenne, chacune ayant évolué d'une façon personnelle, mais qu'elles ont aussi eu l'occasion de s'enrichir mutuellement.

Appartiennent à cette famille sur le territoire européen :

- le grec et les langues issues du latin, parmi lesquelles le français, l'italien ou l'espagnol, mais aussi le wallon ou le picard, le provençal ou le gascon, le frioulan ou le romanche
- les langues germaniques : allemand, néerlandais, anglais, danois, suédois, mais aussi luxembourgeois, frison, alsacien, yiddish ou schwytzertütsch
- les langues baltes (lituanien, letton) et slaves (russe, polonais, tchèque, slovaque, bulgare, serbe, croate, slovène...)
- sans oublier l'albanais et les langues celtiques (gaélique d'Irlande et d'Écosse, gallois, breton…)

A côté de ces langues apparentées, existent en Europe des langues d'une autre famille (le finnois, le hongrois, l'estonien) ainsi qu'une langue qui ne ressemble à aucune autre, le basque, parlé de part et d'autre des Pyrénées.

En Europe, on parle aussi des langues immigrées depuis plus ou moins longtemps, comme le tsigane, langue indo-européenne non territorialisée et venue de l'Inde à partir du XIVe siècle, ou, plus récemment, l'arabe, le turc ou un certain nombre de langues africaines.

Cette abondance et cette diversité peuvent donner le vertige : doit-on s'en réjouir ou se lamenter ?

Il n'est pas utopique de penser que c'est une grande chance de côtoyer d'autres façons de décrypter et de traduire le monde et ainsi de mieux le connaître et le comprendre, en bénéficiant chaque fois de nouvelles clefs.

Des mots reçus en cadeau

On pourrait objecter qu'en souhaitant que dure cette diversité des langues, on perpétue la vieille malédiction de Babel, génératrice d'incompréhension et souvent de conflits. Mais ce serait oublier que les langues ne sont pas des îles impénétrables. Tout au contraire, l'histoire des langues de l'Europe a montré qu'elles ont constamment beaucoup échangé : d'innombrables mots français ont été adoptés par l'anglais, l'allemand, le néerlandais, l'italien, le roumain ou l'arabe, et ces langues ont aussi généreusement donné des éléments de leur trésor lexical au français.

Rappelons que, de son côté, le français a emprunté

- à l'arabe : algèbre, chiffre, zéro, hasard, matelas, sirop, sorbet, jupe...
- au turc : caviar, chacal...
- au persan : nénuphar, paradis, pyjama...
- à l'hébreu : chérubin, séraphin, tohu-bohu...,
- à l'italien : balustrade, festin, pittoresque, réussir, solfège...,
- à l'espagnol : casque, cédille, moustique...,
- au portugais : cachalot, marmelade, pintade...

En outre, il ne faudrait pas négliger les apports

- du wallon et du picard : cabaret, canevas, dariole, faille, grisou, usine...
- du normand : brioche, vareuse, brancard, câble...
- des langues d'oc : abeille, cigale, salade, troubadour...

et des autres langues de France. On ne peut toutes les citer, mais il faut aussi rappeler par exemple que bijou et balai viennent du breton, kermesse et vidange du flamand, quiche et choucroute de l'alsacien, échantillon et guignol du franco-provençal et maquis du corse.

Langues officielles et langues de moindre diffusion

Les quelques exemples que je viens de sélectionner, et dont la liste est loin d'être exhaustive, étaient destinés à montrer que ce n'est pas toujours la langue officielle qui impose ses mots aux langues de moindre diffusion. Or, il est vrai que toutes les langues présentes dans l'Europe d'aujourd'hui ne bénéficient pas du même statut mais connaissent des situations spécifiques selon les pays.

Si, en Belgique, coexistent trois langues officielles (français, flamand et allemand), et si, en Espagne, la langue officielle de l'État est l'espagnol - ou plus précisément, le castillan -, quatre autres langues ont le statut de langue officielle sur le plan régional (le catalan, l'aranais, le galicien et le basque), en revanche, en France, il n'y a qu'une seule langue officielle, le français. Mais cet unilinguisme n'est qu'apparent.

En réalité, contre vents et marées, tout comme dans la plupart des pays d'Europe, de nombreuses langues régionales se sont maintenues en France dans la population, avec une vitalité plus ou moins grande selon les cas et, bien qu'elles aient subi un recul constant au cours du XX siècle, elles semblent susciter, depuis une vingtaine d'années, un intérêt renouvelé, même chez les plus jeunes. On constate avec étonnement chez ces derniers une curiosité nouvelle pour ces langues trop longtemps méprisées, une curiosité que l'on peut mettre en relation avec la recherche des racines et l'appartenance à une tradition culturelle à laquelle ils restent paradoxalement profondément attachés en dépit d'attirances vers d'autres horizons.

Cette situation complexe d'une Europe riche de ses langues, dont chacune est porteuse d'une vision du monde originale, constitue semble-t-il un atout réconfortant face au spectre de l'uniformisation générale qui se profile derrière la mondialisation.

Un patrimoine à préserver

L'année européenne des langues vient d'ailleurs à point pour rappeler cette vérité trop souvent oubliée, voire occultée, et en tout cas négligée : le patrimoine culturel de l'Europe ne se limite pas à ses monuments artistiques chargés d'histoire et il serait cruellement amoindri si l'on omettait d'y inclure la richesse exceptionnelle de ses langues, de toutes ses langues, sans exception.

Pour tenter de changer les mentalités, il faudrait peut-être tout d'abord dissiper deux ou trois idées reçues et lutter en particulier contre celle selon laquelle une bonne conduite de l'État exigerait un monopole linguistique. C'était malheureusement l'idée exprimée par l'abbé Grégoire en 1794 dans son discours sur la nécessité d'abolir les patois, mais il faut rappeler que ce n'est qu'un siècle plus tard, avec l'école de Jules Ferry, obligatoire et gratuite, que le français s'est vraiment imposé et qu'avec la guerre de 14-18, les patois ont commencé à connaître un recul dramatique. Aujourd'hui, on prend conscience qu'une langue n'est pas seulement un instrument de communication pouvant éventuellement être remplacé par une autre langue, mais aussi le véhicule d'un passé, d'une culture,

d'une vision particulière du monde, qui fondent la personnalité et l'identité de chacun d'entre nous.
Une autre idée reçue consiste à croire que l'homme est par nature unilingue et qu'apprendre une autre langue nécessite un effort considérable. Or, c'est le contraire que l'on constate dans la plupart des pays du monde. Il suffit de voyager hors de chez soi pour constater par exemple que, près des frontières, le bilinguisme, et même le trilinguisme sont pratiques courantes.
Enfin, il faudrait rendre confiance aux apprenants en les aidant à entrer sans complexes dans la langue du voisin.
Au moment où la nécessité d'apprendre d'autres langues devient une urgence, il faut aussi se rendre compte qu'il s'est formé au cours des siècles un fort noyau commun international, et qui dépasse largement les frontières de l'Europe.

Des mots qui se ressemblent beaucoup
Une étude récente[1] a montré qu'il existait plus de mille mots très semblables sur le plan graphique, dans une dizaine de langues de l'Europe occidentale (le français, l'italien, l'espagnol, le portugais, l'allemand, le néerlandais, l'anglais, le danois, le grec ...) : ce sont des mots comme article, architecture, bible, cassette, culture en font partie, tout comme aluminium, catastrophe, dialogue, hôtel ou taxi.
Parce qu'ils se ressemblent beaucoup, on peut alors apprendre facilement, par exemple des quantités de mots anglais comme biology, chronology, philosophy, technology..., en remplaçant simplement par -y la terminaison française en -ie. Pour passer à l'espagnol ou à l'italien, il faudra remplacer -ie par -ia, et se souvenir que ces langues ont depuis longtemps remplacé ph par f et ch par c. On peut tout aussi rapidement retenir le mot italien diretto, en se fondant sur le français direct. Sur ce modèle, on peut même s'enhardir jusqu'à "inventer" des mots italiens à partir des mots français terminés par -ct, en remplaçant la succession française ct par tt.
Exemples : correct □ corretto, dialecte □ dialetto, pacte □ patto, compact □ compatto, intact □ intatto, contact □ contatto, etc.
Et on peut faire un pas de plus en remarquant que lorsqu'un mot français commence par pl-, il commence par pi- en italien, par ll- en espagnol et par ch- en portugais. Ainsi :

Français	italien	espagnol	portugais
pluie	pioggia	lluvia	chuva
pleurer	piangere	llorar	chorar
plein	pieno	lleno	cheio…

Des mots qui se ressemblent parfaitement

Encore ces mots ne sont-ils que "presque" pareils. Mais il y a mieux, car il existe aussi des mots parfaitement identiques sur le plan graphique et correspondant au même sens dans deux langues différentes. Pourtant cette fois-ci, il ne s'agit plus de langues romanes, mais du français et de l'anglais.

Parmi les quelque 3000 homographes communs à l'anglais et au français, on doit tout d'abord faire la part belle aux mots en -tion, qui forment le groupe le plus impressionnant - et aussi le plus facile à retenir. En voici quelques exemples parmi des centaines : situation, tradition, distribution, perfection, exception, adoption.

Mais il faut rester vigilant. On remarquera par exemple que, bien que parfaitement identique sur le plan graphique en français et en anglais, un mot comme application ne pouvait pas figurer dans une liste d'équivalents parfaits. En effet, le sens de "demande" (en vue d'obtenir un poste) que ce mot a le plus souvent en anglais, n'existe jamais en français.

Parmi les autres mots identiques sur le plan graphique - et qui le sont aussi sur le plan sémantique-, il y a toute une série de formes terminées par des suffixes français :

- able : admirable, capable, comparable, …
- ette : cassette, cigarette, silhouette…
- age : garage, massage, sabotage…

Cela ne doit pas surprendre vu que le vocabulaire de l'anglais, à une forte majorité, est emprunté au français, qu'il s'agisse du domaine de la cuisine (gigot, dessert, restaurant...), de l'habillement et de la mode (bracelet, chic, décolleté …) ou d'un vocabulaire plus abstrait (compliment, courage, prestige, respect, silence, solitude …) sans compter d'innombrables adjectifs, comme absent, bizarre, correct, horrible, possible, prudent …

Il ne faudrait pourtant pas croire que tout ce vocabulaire commun soit uniquement d'origine française. L'inverse se

vérifie, par exemple, dans badge, businessman, copyright, gangster, qui ont fait le chemin inverse.
Certains ont connu des “allers et retours”, tels budget, interview, session ou encore suspense et toast. Ces mots ont d'abord été empruntés par l'anglais, qui les a redonnés au français plusieurs siècles plus tard.

Une aubaine pour tous

Tous ces exemples, et bien d'autres encore, montrent que le passage de formes lexicales d'une langue à l'autre est chose plus fréquente qu'on ne le croit et pave la voie à un apprentissage plus aisé d'un vocabulaire à première vue hors d'atteinte. Cela permet aussi de se rendre compte que si l'on constate souvent des échecs en la matière, c'est surtout parce qu'il existe des blocages psychologiques qui empêchent d'apercevoir le chemin permettant de pénétrer en douceur dans la langue étrangère réputée difficile.
Toute inhibition a dès lors des chances de disparaître si des centaines de mots deviennent faciles à acquérir puisqu'ils sont proches de ceux de la langue de départ. Que ces “mots-cadeaux” soient très proches ou complètement identiques, voilà qui devrait mettre du baume au cœur de tous ceux qui pensent ne pas être doués pour traverser la barrière des langues. Il est alors temps pour eux d'aborder sans appréhension les pièges des “faux amis” et d'apprécier avec un vrai plaisir les subtilités d'un lexique étranger totalement dépaysant.

Faciliter l'accès aux autres langues

Une expérience est actuellement tentée avec succès en Suède, où ont été mis au point, depuis un certain nombre d'années, des cours de sensibilisation et d'introduction aux langues étrangères en passant par Interlingua, une langue internationale auxiliaire créée il y a cinquante ans sur des bases gréco-latines. Ce faisant, Interlingua prend le relais de Iala (International Auxiliary Language Association) dont un rapport avait été présenté dès 1948 par André Martinet au Congrès des linguistes de Paris.
Afin de faciliter l'accès en Europe aux langues des pays voisins, ne serait-il pas utile, dans un premier temps, de partir d'une base commune de ce type ?

Il serait en tout cas souhaitable de procéder sans tarder à l'établissement d'un inventaire total des mots susceptibles de faire partie du patrimoine lexical européen, puis mondial : une étape utile pour entrer sans effraction dans de nombreuses autres langues, qui paraîtront ainsi moins étrangères.
Il faudrait enfin penser à tous ceux qui sont tellement attachés à leur langue qu'ils préfèrent ne pas faire l'effort d'en apprendre une autre : on pourrait peut-être leur faire prendre conscience qu'en s'initiant à une autre langue, on en apprend aussi en même temps beaucoup sur sa propre langue. Avec un brin d'humour, on pourrait même, si l'on ne craignait que le paradoxe n'apparaisse comme une provocation, lancer un slogan à méditer : "Apprenez d'autres langues, vous saurez mieux le français ![6]".

LE PLURILINGUISME EUROPEEN : QUEL AVENIR ?

LOUISE DABENE, PROFESSEUR EMERITE DE LINGUISTIQUE

Notre propos, dans le présent exposé, est d'attirer l'attention sur les problèmes linguistiques liés à la construction européenne, et de nous interroger sur les chances de survie d'un multilinguisme qui semble, actuellement, fortement menacé, notamment du fait de son extrême diversité. Rappelons qu'à l'heure actuelle, on considère qu'il existe environ une soixantaine de langues en usage sur le continent européen, lesquelles peuvent très grossièrement être classées - quant à leur statut - en quatre catégories:

- celle des langues internationales (on pense évidemment à l'anglais et au français)

---

[6] Pour plus de détails sur ce point ainsi que sur le vocabulaire commun au français et à l'anglais, cf. Henriette WALTER, *Honni soit qui mal y pense, ou l'incroyable histoire d'amour entre le français et l'anglais,* Paris, Robert Laffont, 2001, 352 p.

- celle des langues qui, tout en remplissant une fonction nationale, sont peu utilisées en dehors de leur pays d'origine (on pense aux langues scandinaves, par exemple)
- celle des langues à diffusion locale ou régionale comme, en France, le breton ou le corse
- celle des langues d'origine exogène, apportées par les populations migrantes tout au long du XX° siècle, comme l'arabe ou le chinois.

Or il convient de rappeler qu'un des buts fondamentaux autour desquels s'est construite l'entreprise européenne est d'œuvrer en faveur de l'atténuation des disparités économiques. On conviendra aisément qu'une telle perspective suppose que soit développée une circulation intense au niveau des personnes, des biens et des idées, ce qui présuppose, cela va de soi, pour les citoyens européens, une solide maîtrise des langues étrangères. L'enseignement des langues vivantes constitue donc, dans un tel contexte, un considérable enjeu stratégique et devient l'objet d'un véritable marché, dont la diffusion, de plus en plus relayée par les supports médiatiques, est souvent assurée par des acteurs autres que les enseignants patentés et en dehors des Institutions reconnues.

Mais quelles clefs pour communiquer? Va-t-on adopter un code commun? Une sorte d'« euro linguistique »? (et dans ce cas, contrairement à ce qui s'est passé pour la monnaie, ce sera une des langues européennes qui sera choisie et l'on sait bien laquelle). Si les impératifs économiques semblent plaider en faveur de cette solution, nombreux sont ceux qui, face aux menaces hégémoniques qu'elle véhicule, optent pour une autre perspective, plus respectueuse de la diversité et officiellement affirmée comme inspirant l'édification européenne : le renforcement des particularités culturelles et le respect des minorités. Voici donc notre vieille Europe face à une contradiction qui lui est pratiquement consubstantielle : assurer entre ses membres une certaine harmonie culturelle et linguistique, tout en protégeant et en développant autant que faire se peut la diversité qui les caractérise.

Or le grand public, tout comme l'Institution éducative, sont mal armés pour faire face à la demande sociale engendrée par une telle perspective, et ceci pour plusieurs raisons :

C'est tout d'abord le fait que la plupart des systèmes scolaires sont traditionnellement conçus selon une perspective monolingue (la transmission des connaissances ne s'effectue en général qu'à travers un seul support) et ne parviennent pas toujours à affecter au langues étrangères un statut formel en accord avec les spécificités de l'apprentissage langagier, notamment la nécessité d'un contact relativement intensif avec l'objet langue.
C'est ensuite, au niveau du statut informel, les représentations discutables construites par le corps social qui n'imagine, comme modèle de référence de l'apprentissage, que les compétences du natif, et confond fréquemment l'enseignement intensif d'une langue avec le bilinguisme, ce qui rend le dialogue difficile avec les chercheurs.
Devons nous en conclure que le maintien de la diversité qui nous parait à tous égards si souhaitable, relève de l'utopie ?
En fait les arguments jouant en en sa faveur ne manquent pas.
On mentionnera, tout d'abord, la permanence et même la vitalité des liens qui, tels des « fils d'or » comme dit Régis. Debray, unissent les communautés linguistiques héritées d'un passé colonial (francophonie, hispanité, lusophonie) et qui continuent à conférer aux langues concernées un rôle important dans la communication intercontinentale, notamment dans les échanges Nord-Sud. Le français apparaît ainsi comme un pont entre l'Europe et l'Afrique. De même l'espagnol et le portugais constituent des liens puissants unissant l'Amérique latine à l'Europe. Le dynamisme de ces langues les rend indispensables pour maintenir à l'Europe sa voix dans le concert mondial.
Par ailleurs, on assiste au maintien, en divers points du continent, d'une identité ethnique protectrice qui incite à la résistance face au mouvement de mondialisation, et au refus de l'uniformisation linguistique et culturelle (R. Petrella 1978). Des langues en position de minorisation progressive depuis la construction des Etats nations, notamment à la fin du XIX° siècle, sont actuellement l'objet d'un mouvement de renaissance qui se manifeste par une forte demande de réappropriation et par la survivance et l'actualisation d'activités ou de rituels culturels inspirés par la tradition et plus ou moins adaptés au goût du jour (L. Dabène 1999).

N'oublions pas non plus la présence, au sein des principaux pays d'Europe, de nombreuses populations immigrées, majoritairement originaires du pourtour méditerranéen, de l'Afrique subsaharienne ou des pays orientaux et venues, pour la plupart lors de l'immédiat après-guerre. Ce mouvement, qui semblait devoir se tarir du fait de la récession due au premier choc pétrolier, connaît en ce moment un nouveau développement à tel point que certains pays, traditionnellement considérés comme des pays d'émigration, comme l'Espagne et l'Italie, tendent à devenir, à leur tour, des pays d'accueil. Cette immigration, pérennisée par le phénomène des « familles rejoignantes, » constitue désormais une véritable immigration de peuplement (R. Petrella, 1978, O.Todd, 1994). Elle est porteuse d'un important patrimoine linguistique qui prend progressivement sa place sous des formes diverses, souvent métissées et passionnantes à étudier, dans le patrimoine européen commun.

Enfin on observera également à l'intérieur de l'Europe, de vastes zones de continuum linguistique fondées sur la parenté typologique des langues et qui permettent depuis des siècles aux locuteurs de langues géographiquement et linguistiquement proches une compréhension réciproque. L'exploitation de cette possibilité est à l'origine des courants méthodologiques qui visent le développement de l'intercompréhension dans le cas du domaine roman. (L. Dabène et C. Degache, 1996). Il s'agit pour les chercheurs engagés dans cette perspective, de développer chez les apprenants le repérage des similitudes et des « règles de passage » d'une langue romane à l'autre et ceci en s'appuyant sur les connaissances antérieures empiriques ou académiques. On retrouve ainsi les stratégies ancestrales de compréhension réciproques

D'autres initiatives méthodologiques et curriculaires se sont multipliées ces dernières années, il en sera abondamment question au cours de la présente réunion. Elles incitent à un optimisme raisonné : le plurilinguisme européen ne manque pas d'avenir.

LANGUE DE L'ECOLE, LANGUES ETRANGERES ET LANGUES D'ORIGINE : QUAND LE PLURILINGUISME A ENFIN DROIT DE CITE DANS LA CLASSE

Cécile Sabatier, Ater, Ens Lettres et Sciences Humaines, Lyon et laboratoire Lidilem, Université Stendhal, Grenoble.

Objectifs de l'atelier

Cet atelier s'est proposé de réfléchir à la façon dont l'enseignant peut prendre en compte dans sa classe les langues exogènes des élèves d'origine étrangère, sans renoncer à l'enseignement de la langue de l'école, ni à celui des langues étrangères pour répondre à un des quatre objectifs prioritaires du cycle des apprentissages fondamentaux « Domaine langues étrangères » : « éduquer les élèves à l'altérité et à la diversité linguistique et cultuelle ». Cet objectif permet de revaloriser les langues des enfants issus de l'immigration et leurs locuteurs. Il vise également à développer une éducation au langage au sens large tu terme à travers la mise en place d'activités portant sur un grand nombre de langues (notamment celles présentes dans la classe) et que l'école n'a pas pour ambition d'enseigner.

Déroulement

L'atelier s'est déroulé en deux temps : un premier temps consacré à la présentation par l'animatrice de la problématique du plurilinguisme dans la classe, suivi par des activités pratiques proposées aux participants pour leur faire découvrir la démarche de l'éveil aux langues.

Présentation des objectifs et activités de l'éveil aux langues

- Comment la démarche de l'éveil aux langues s'inscrit dans les programmes officiels pour les langues vivantes à partir d'une citation des programmes ministériels p. 126 : « Les élèves découvrent que l'on parle différentes langues sur le territoire national. Ils sont amenés à développer à leur égard une curiosité positive ... » En même temps qu'ils apprennent une langue vivante dès le cycle des apprentissages fondamentaux, les élèves découvrent la diversité des langues parlées sur le territoire national.
- Situer l'éveil aux langues et les objectifs qui sont à la fois cognitifs, affectifs et sociaux

- Présenter au groupe une activité de l'éveil aux langues : Il s'agit de la biographie langagière de la petite Chaska, module de découverte de l'éveil aux langues intitulé « Des langues de l'enfant aux langues du monde ».
- Présentation d'une deuxième activité du même module de découverte : « Etats du monde et les langues parlées ».
- Présentation d'une troisième activité qui fait découvrir la présence importante sur le plan géographique de la langue berbère.
- Présentation de l'activité portant sur les parlers bilingues : « I live in New York, mais je suis né à Haïti. »
- Présentation d'activités dans le module « Jouons avec les langues parentes » basées sur les langues romanes.
- Travail de groupe sur les mots aztèques et français et réflexion métalinguistique ainsi suscitée.

Activités des participants

A partir de documents (sonores, écrits, didactisés ou non) prenant appui sur différentes langues, de différents statuts (langue de l'école, langues étrangères, langues de migration, langue officielle, etc.) les participants ont été amenés à construire des activités de classe de type Eveil au(x) langage(s) en fonction de leurs différents contextes institutionnels puis à les présenter au reste du groupe. Cette participation active a provoqué de riches discussions animées à partir des apports très personnels et pertinents du vécu des participants que ce soit en milieu scolaire ou dans l 'environnement social.

Conclusion

Les participants ont ainsi été conduits à s'interroger sur de telles activités et sur l'aide que celles-ci peuvent apporter aux élèves (et notamment ceux d'origine étrangère) dans le développement d'attitudes et de représentations positives vis-à-vis des langues et la structuration de leurs acquis linguistiques en vue de développer une compétence plurilingue (Coste, Moore, Zarate, 1997).

LE PROGRAMME EUROPEEN « LA PORTE DES LANGUES » :

EDUQUER A ET PAR LA DIVERSITE LINGUISTIQUE ET CULTURELLE,

DE LA MATERNELLE AU CM2. »

Michel Candelier, Professeur, Université du Maine, coordinateur Européen et Martine Kervran, Formatrice, IUFM Orléans-Tours, coordinatrice nationale

L'approche multilingue développée dans le projet « La Porte des Langues » ayant déjà été évoquée à plusieurs reprises au cours des séances plénières, il importait d'abord de faire part aux participants de l'expérience acquise pendant les trois années du programme Evlang (1998-2001).
Michel Candelier a présenté à cet effet un montage « power point » retraçant à la fois les objectifs, démarches didactiques et résultats d'évaluation du programme, ainsi qu'un bref extrait vidéo montrant des activités de classe. Evlang s'était fixé pour buts de développer des attitudes positives vis-à-vis de la diversité, des aptitudes métalinguistiques favorables aux divers apprentissages langagiers ainsi que des connaissances sur le monde des langues et les langues du monde. Les élèves travaillent simultanément sur de nombreuses langues de tout statut, selon une approche d'inspiration socioconstructiviste. L'évaluation quantitative, portant sur 1900 élèves et des élèves témoins a montré que des cursus de 8 à 13 mois étaient susceptibles de favoriser le développement d'un intérêt pour la diversité et celui de la discrimination et de la mémorisation auditives, ainsi que, dans une mesure plus limitée, de l'ouverture à l'autre et la capacité à décomposer et recomposer des énoncés dans une langue non familière. Il est important de noter que cette même évaluation fait apparaître un accroissement exponentiel des effets à partir d'un seuil de 30 ou 40 h (dans le programme Evlang, la durée était en moyenne de 35 h), de sorte que l'on est en droit d'affirmer avec quelque certitude qu'une action de plus longue haleine, commençant dès

la maternelle, remplirait de façon plus satisfaisante encore les objectifs fixés.

A la suite de questions des participants, les précisions suivantes ont été apportées par les deux intervenants :

- Les langues utilisées dans les supports didactiques (66 langues) n'ont pas été choisies a priori, mais pour l'intérêt qu'elles présentaient pour telle ou telle activité (systèmes d'écritures, par exemple), mais aussi en fonction des locuteurs disponibles pour les enregistrements.
- Des participants se sont inquiétés de savoir sur quelles « plages » disciplinaires les activités d'éveil sont mises en œuvre : certains enseignants font figurer à l'emploi du temps des moments spécifiques à l'éveil, d'autres empruntent ces moments, alternativement, à d'autres disciplines (géographie, musique, langue étrangère, français, instruction civique, arts plastiques ...) en fonction du contenu des séances. A ce propos, on peut préciser que l'évaluation a montré que les enseignants qui insèrent le plus les activités d'éveil dans d'autres disciplines sont ceux qui obtiennent les meilleurs résultats en termes de capacités développées par l'éveil.
- Une question a porté sur la formation des enseignants, dont il avait été dit qu'elle s'était effectuée en deux ou trois jours, et dont on peut supposer qu'elle devait tout d'abord convaincre les enseignants de leur aptitude à mener de telles démarches : c'est en effet un des points forts de la formation, qui amène plus généralement les enseignants à s'interroger sur leur rapport aux langues, et leur donne l'occasion de pratiquer eux-mêmes des activités. Par ailleurs, les « supports didactiques » produits contiennent de nombreuses indications de contenu à destination du maître. De plus, les enseignants sont encouragés à tirer parti des compétences linguistiques des élèves eux-mêmes ou de leurs familles. L'idée développée est que l'enseignant « ne sait pas tout », et qu'élèves et enseignants doivent rechercher, en commun, les savoirs manquants.
- Le même principe de « partage de l'expertise » s'applique aux interrogations des élèves quant à la fidélité des reproductions qu'ils effectuent - très souvent spontanément - en langue étrangère.
- Les participants se sont également interrogés sur l'existence d'une progression, en termes de compétences, à

l'intérieur du cursus Evlang : cela aurait en effet été souhaitable, mais dans le cadre du dispositif expérimental, des contraintes liées à la production des matériaux ont réduit les ambitions des concepteurs sur ce point. C'est maintenant, à l'intérieur du programme « La Porte des Langues », une des préoccupations principales.

□ Les matériaux Evlang ne sont pas actuellement publiés. Un projet existe avec le CNDP. Par ailleurs, une grande partie des supports didactiques Evlang est exploitée actuellement dans le cadre du programme « La Porte des Langues » (cf. ci-dessous), et distribuée aux participants à ce réseau. Une publication de matériaux du même type est en cours en Suisse Romande, où l'approche est sur le point d'être intégrée dans les programmes officiels d'enseignement.

Martine Kervran a ensuite présenté le réseau Janua Linguarum, « La Porte des langues » (2000-2003), qui est inscrit au programme d'activités du Centre Européen pour les Langues Vivantes (CELV/ Graz /Conseil de l'Europe) et concerne actuellement une vingtaine de pays d'Europe. Il constitue le prolongement européen du programme Evlang (1997-2001). En France, le projet regroupe une centaine de classes, réparties dans plusieurs régions. Les classes participantes expérimentent et échangent des activités pédagogiques incluant des prolongements vers les autres champs disciplinaires et transversaux et visant à inscrire les activités de comparaison et de réflexion sur les langues et les cultures dans les programmes scolaires.

Elle a commenté la liste des supports Evlang mis à disposition des classes pour adaptation aux cycles I et II, ainsi que des supports nouveaux en cours d'élaboration et de validation.

Comme tous les documents « La Porte des Langues », cette liste est disponible sur le site du réseau français (http://www.chez.com/jaling/).

L'exemple d'activités empruntées au support Evlang « Le Petit Chaperon Rouge » (ou adaptées de ce support) a permis d'illustrer des possibilités d'utilisation de la maternelle au CM2.

Martine Kervran présente ensuite les points d'ancrages que les projets de programmes en consultation offrent pour une approche de type éveil, aussi bien en cycle I et II (découverte

des langues parlées sur le territoire national) qu'en cycle III (l'observation de phénomènes linguistiques dans des langues différentes ...).
A l'avenir, l'urgence au plan de la recherche et de l'innovation est de chercher à articuler approche multilingue et apprentissage d'une langue particulière.
En conclusion, les animateurs de l'atelier ont présenté la Fête de Toutes les Langues, organisée dans le cadre de l'Année européenne des langues, et à laquelle participeront plus des soixante-dix classes de l'enseignement primaire.

Compte rendu des échanges :
Bon anniversaire dans plusieurs langues. On leur demande lequel sera le plus facile à retranscrire.
Parmi les classes expérimentales françaises, il y avait des classes où en parallèle il existe un apprentissage d'une langue, et d'autres ou non.
Certains collègues ont une plage éveil aux langues dans leur emploi du temps, d'autres le prennent sur le temps langues étrangères, et la plupart des collègues prennent une fois sur l'un, une fois sur l'autre.
Dans le programme « porte des langues », on est moins contraint.

-Kervran :
L'approche est reliée aux programmes, en général, de chacun des cycles. La polyvalence est considérable par rapport au(x) contenu(s) interdisciplinaire(s).
-Candelier :
Il y a une phase de présentation, une phase de travail en groupe par les élèves, une phase de mise en commun. Il n'y a jamais de savoirs imposés, mais des compétences construites avec les élèves, par les élèves, avec l'aide du maître, à l'intérieur de la classe.
(...) On n'a pas réussi à « avoir une progression ». Mais tout un travail de réflexion est mis en route sur la progression en terme de compétences (et donc pas forcément thématique).
Question : Il faut donner aux enseignants l'envie de faire. Que mettez-vous en place comme stratégies pour y parvenir ?
-Kervran :

On commence par des activités de démarrage sur les représentations. Donc ça tourne autour de : les langues et moi, les langues et l'école, les langues et la société. Alors on commence à discuter (...) déjà au niveau des enseignants eux-mêmes. Puis ensuite, petit à petit, on leur fait pratiquer les activités eux-mêmes. Les deux freins principaux qu'on a rencontrés, c'est : ah ! Mais comment vais-je faire dans toutes ces langues (...). Cette crainte est assez rapidement levée, surtout si on leur présente les supports. Sur ces supports, tout est donné à l'enseignant. Les activités sont directement utilisables. Le deuxième frein est plus important : il s'agit de la crainte de ne pas pouvoir répondre aux questions des élèves. Notre tâche a été de dire que l'enseignant n'est pas celui qui sait tout. C'est ce qu'on appelle pompeusement le marquage de l'expertise. Au contraire si l'on constate que personne dans la classe n'a la réponse, on va pouvoir alors engager le groupe dans une recherche collective qui aboutira à une mise en commun.

-Candelier :

Anecdote : dans une école, une fille d'origine maghrébine arrive en plein milieu de l'année. Pour faciliter l'intégration de la fille dans la classe, on organise une activité autour de l'arabe. Tout le monde s'est intéressé à elle qui avait réponse à tout.

-Un participant :

Cela rejoint le « on ne peut pas tout savoir ». Cela rejoint aussi apprendre à apprendre les langues, parce que apprendre à apprendre les langues, c'est savoir que lorsqu'on n'est pas locuteur natif de cette langue, on n'est peut-être pas capable de juger de la qualité de la prononciation des mots. Alors, il faut se dire, c'est vrai, c'est comme ça, je ne peux pas savoir. On va par exemple demander à l'ensemble de la classe de juger. Voilà, on va travailler sur les sons, sur les différences de ce qu'on entend, de ce qu'on entend pas... Le tout, c'est d'avoir des activités. Bien sûr en ayant des objectifs.

-Question : Quid du matériel ?

-Kervran :

Ce matériel n'est pas publié, il est diffusé gratuitement. Il a bien sûr été envoyé à toutes les classes expérimentales. Maintenant, dans le système « la porte des langues », le matériel est au fur et à mesure testé par les collègues qui choisissent les activités.

Donc on leur envoie des activités qu'ils choisissent sur une présentation et on leur donne ce qu'il leur faut pour mettre en place telle ou telle activité. En parallèle, il y a des activités de production. C'est à dire que dans le programme la porte des langues, il y a à la fois expérimentation et adaptation des supports existants, en particulier à une langue.
-Question : Qui sont les collègues qui travaillent sur ce programme ?
Actuellement, dans le portail des langues, on a presque atteint la trentaine de classes et quelques collègues travaillent isolément. La plupart sont regroupés autour de sites, c'est à dire des lieux où ils peuvent travailler en équipe et échanger. On a des anciens sites (Réunion, Eure) et de nouveaux sites (Auvergne, Vaucluse). (cf. site internet)
-Question : Et les activités :
-Kervran :
Nous sommes partis du support existant « aide langues » (le petit chaperon rouge) pour voir comment dérouler cette activité tout au long du cursus.
En maternelle :
On commence à travailler soit à partir des albums eux-mêmes : islandais, russe, allemand, hongrois, portugais... Soit à partir de couvertures couleur qui avait été produites dans le cadre du support « aide langues ».
Petit à petit, l'activité évolue. Par exemple colorier différents items de la chaîne graphique, repérer les mots, dans les différentes langues.
Activité d'écoute : (cycle 2) (consignes écrites) (extraits sur cassette du conte dans différentes langues) Repérer l'endroit où y'a le petit chaperon rouge et / ou la langue identique à celle qu'ils ont entendue auparavant.
Cycle 1 : découverte de l'album, livre à l'envers....
Cycle 2 : repérages
-Candelier :
Cycle 3 : Faire deviner comment on dit le petit chaperon dans les diverses langues, puis travailler sur la syntaxe. On va demander aux enfants de relier les parties de mots qui se correspondent de point de vue du sens. Chaque langue a un nombre de mots différents pour dire la même chose et en plus ces mots ne sont pas forcément dans le même ordre.

Travail sur le dialogue entre le loup déguisé en grand-mère et le chaperon « qui va se faire bouffer ! : « Tu as de grandes oreilles, tu as de grands yeux, tu as de grandes dents. C'est pour mieux te (x3). » D'où : « comment est-ce qu'on dit les yeux en chinois ? » Travaux sur la syntaxe et le vocabulaire, à partir du texte, on dégage les structures. On devine le vocabulaire grâce aux constituants des énoncés et à la syntaxe.

Conclusion :
Aux cycles 1 et 2, on trouve une même référence à la multiplicité des langues parlées sur le territoire national.
Cf. les 4 objectifs des programmes du cycle 2, langues étrangères et régionales
□ 4 objectifs, 2 objets d'apprentissage : développer chez l'élève des comportements indispensables pour l'apprentissage des langues, familiariser l'oreille aux réalités d'une langue, la diversité linguistique et culturelle.

L'ENSEIGNEMENT DES LANGUES REGIONALES A L'ECOLE

Louise Dabène, Professeur émérite, Université de Grenoble.

Un article paru dans Le Monde du 28 octobre 2001, la veille donc de l'atelier, intitulé "La place des langues régionales à l'école devant le conseil d'Etat " a servi comme point de départ à la discussion. L'article fait part de la contestation de syndicats, d'associations et de délégués départementaux de l'éducation nationale, contre l'enseignement par immersion des langues régionales, et les mouvements laïques demandent à l'Etat l'annulation de certaines dispositions prises par le ministre de l'Education, Jack Lang. Les discussions pendant la durée de l'atelier ont permis aux participants de prendre position.
Les participants de l'atelier : Un tour de table en début d'atelier a permis à chaque participant de se présenter et de situer son intérêt par rapport à la question des langues régionales à l'école, faisant émerger une très grande variété de situations à la fois sur le plan géographique (Strasbourg, Académies de Bordeaux, Toulouse, Rennes, Clermont Ferrand, Poitou-Charentes,

Grenoble, en passant par l'Italie, le pays de Galles et même la Guyane qui représente un contexte particulièrement complexe) mais aussi sur le plan social par rapport aux langues régionales en question (allemand, dialectes italiens, patois charentais, patois limousin, breton, basque, occitan, corse, créole, catalan).
La très grande variété des situations a fait émerger un nombre important de questions autour de la scolarisation très différente et ses enjeux dans les différentes régions.
Le questionnement s'est poursuivi autour de trois axes de réflexion :

Les finalités de l'enseignement des langues régionales à l'école

A partir des années 90 ce mouvement de réémergence des langues régionales et leur rôle dans la scolarisation des enfants à l'école pose beaucoup de questions sur les finalités de leur enseignement. Quatre visées ont été repérées :

- scolarisation
- intégration
- réappropriation
- culture

Par ailleurs, l'atelier a fait émerger trois modalités différentes d'insertion :

- à parité (bilinguismes) 13 heures/ 13 heures
- immersion - enseignement entièrement en langue régionale
- 3 heures par semaine - formule fragile en voie de disparition

Le statut de ces langues

Les langues régionales à l'école soulèvent un questionnement très complexe en ce qui concerne leur statut :

- Quelle(s) langue(s) officielle(s) est/sont acceptée(s) par la République française ? (par ex., le français et le corse)
- Admet-on une co-officialité ?
- Certaines langues, par exemple le catalan, le basque, peuvent-elles jouir d'un statut d'officialité transfrontalière vu leur statut dans les pays voisins ?

- Quelle est la langue nationale ? Deux attitudes sont envisageables une langue nationale unique qui met à l'écart une partie de la population scolaire une reconnaissance des langues régionales qui permet de sortir de la minorisation des langues qui ont été injustement placées dans cette situation.

Il semble important d'admettre la variété. Une grande question se pose par rapport au degré de standardisation des différentes langues régionales, nécessaire pour un usage pédagogique. Le basque et le catalan sont presque totalement standardisés, mais le corse reste non normé, ou polynormique !

La méthodologie

Quand les langues régionales deviennent des objets d'apprentissage, quelle méthodologie adopter ? Peut-on s'inspirer de modèles méthodologiques propres à une langue maternelle ? une langue étrangère ? Ce n'est ni une langue maternelle, ni une langue étrangère. Est-elle parlée dans l'environnement ou pas ?

Faudrait-il envisager des choix méthodologiques spécifiques, innovateurs, faire preuve d'imagination dans la conception des tâches et options méthodologiques à adopter ? Comment la langue s'inscrit-elle dans le curriculum ? Est-elle utilisée comme outil pour la transmission de savoirs dans différentes disciplines ?

- Quelle place accorder à la dimension culturelle très importante pour les contenus d'enseignement d'une langue régionale ?
- Comment tenir compte des phénomènes de métissage ? d'interférences ?
- Comment amener un travail sur la mise en contact de la langue régionale avec le français ?

L'atelier a pointé, une fois de plus, la très grande variété des situations et des pratiques et préconisé des méthodologies évolutives. La question de la formation des enseignants se pose avec acuité - quelle formation des enseignants pour l'enseignement des langues régionales à l'école ?

Conclusion et positionnement par rapport à l'article paru dans *Le Monde*

Les langues régionales méritent que l'on leur laisse une place dans le système éducatif car elles représentent une ouverture par rapport à un patrimoine culturel à conserver, mais elles ne devraient en aucun cas, mener à l'exclusion. Les chances de progression sociale sont à conserver pour tous.

QUELLE PLACE POUR LA LANGUE DE L'ECOLE DANS L'ENSEIGNEMENT D'UNE LVE AU CYCLE 3 ?

Véronique Castellotti, Maître de conférences, Université F. Rabelais, Tours et Danielle Moore, maître de conférences, ENS Lettres et sciences humaines, Lyon.

Cet atelier souhaite contribuer à la description et à l'analyse des liens entre les différentes langues en situation scolaire et interroger plus particulièrement le rôle de ces liens dans la construction par les élèves des savoir-faire langagiers et de capacités métalinguistiques intégrés.

Nous proposons différents niveaux d'interrogation :

Celui de la réflexion méthodologique qui introduit, de manière réfléchie, une ouverture à la langue source des apprenants ;

Celui du choix des supports adaptés susceptibles de favoriser chez les élèves des transferts de connaissances et de capacités ;

Celui des représentations des apprenants concernant les passages d'une langue à l'autre, notamment dans l'accès au sens.

Seront examinés au cours de l'atelier : des documents qui devraient permettre :

De découvrir et d'analyser divers supports qui mettent en œuvre des compétences transférables (repérer, classer...) dans la construction de savoirs linguistiques ou généraux valides d'une langue à d'autres.

Le travail en commun vise plusieurs objectifs parmi lesquels :

Une meilleure prise de conscience du rôle positif que l'appui sur la langue de l'école peut offrir dans l'apprentissage d'autres langues ;

Une meilleure prise de conscience des efforts de transferts mutuels qui peuvent s'opérer d'une langue à l'autre dans la construction des connaissances ;

Une meilleure compréhension et un regard sur la transversalité et une perspective plus intégrée des apprentissages.

Au cours de cet atelier, nous avons envisagé quelques pistes pour tenir compte des acquis dans une ou plusieurs langues pour bâtir des connaissances scolaires, illustrées par des démarches appuyées sur la ou les langues des enfants, mais aussi sur d'autres langues, qui touchent l'ensemble des activités de classe (histoire, géographie, sciences naturelles...) par un travail de conscientisation et de comparaison appuyé sur la prise en compte et la réintégration de la L dans mes apprentissages.

Les quelques réflexions esquissées ici et travaillées en commun interrogent les pratiques d'enseignement, réinterprétées de manière à optimiser les rapports entre les langues dans les apprentissages.

La transversalité s'inscrit comme une option centrale de ce travail d'appui réciproque des langues, à plusieurs niveaux :

A l'intérieur de chaque discipline, dans la mise en œuvre d'activités langagières diversifiées, et entre les différentes disciplines (par rapport notamment aux types de textes proposés, ou aux modalités de travail privilégiées) ;

Une transversalité de la langue, par des démarches d'intervention qui, vont dans le sens d'une économie d'apprentissage et s'appuient sur les apports que les différentes disciplines (les méthodologies de LM et de LE, mais aussi de sciences naturelles ou d'histoire) peuvent réciproquement se donner ;

Les passages d'une langue à l'autre dans l'apprentissage des langues, la construction des connaissances, et les aspects interactionnels de la communication.

BILINGUISME ET EDUCATION BILINGUE CHRISTINE HELOT,

Maître de conférences, IUFM d'Alsace

L'atelier a donné lieu à un tour d'horizon et à un échange d'informations sur le bilinguisme en milieu familial et sur les pratiques d'éducation bilingue à l'école élémentaire en France aujourd'hui. Une présentation, d'une part des dispositifs d'éducation bilingue proposés dans les derniers textes officiels parus au BO (13/9/2001) sur les langues et cultures régionales, puis d'autre part, du dispositif en place en Alsace depuis 1991, a servi de point de départ à la discussion qui a intégré les aspects théoriques liés à l'étude du bilinguisme en général et en milieu scolaire, à ses aspects linguistiques et ses modalités didactiques et pédagogiques, ainsi que les nombreuses questions que se posent les enseignants sur le terrain, les formateurs, et les chercheurs. La problématique du bilinguisme ignoré des enfants issus de l'immigration a également été abordée.

Présentation générale de quelques concepts nécessaires à la description des phénomènes de bilinguisme

Plusieurs remarques en guise d'introduction:

- Le bilinguisme est un phénomène multidimensionnel et son étude implique une approche pluridisciplinaire; ainsi le bilinguisme a été étudié par des linguistes, sociolinguistes, psychologues, psycholinguistes, psychanalystes, neurolinguistes, spécialistes de littérature, de sciences politiques, de l'éducation, ethnologues, anthropologues, etc.

En effet, toute situation de bilinguisme est extrêmement complexe à décrire car de très nombreux facteurs entrent en jeu, sans oublier que ces situations ne sont jamais stables.

- C'est le monolinguisme qui fait figure d'exception aujourd'hui.

Il y a dans le monde, beaucoup plus d'individus bilingues ou plurilingues que d'individus monolingues si l'on considère l'ensemble de la population mondiale

- Un pays égale une langue est un modèle idéologique très fort pour les Français. C'est un modèle qui intervient dans la construction de l'identité nationale, mais la nationalité d'une personne ne renseigne pas toujours sur la ou les langues qu'il parle. Par exemple les Algériens peuvent parler français, kabyle, arabe, les Turcs, le turc, le kurde, l'arménien, etc. La nationalité ne renseigne donc pas sur la ou les langues parlées par les individus.

- Les représentations du terme bilinguisme:

Il est nécessaire de comprendre que dans un pays majoritairement monolingue comme la France les représentations du bilinguisme sont très contradictoires: l'individu bilingue est encore souvent soupçonné d'avoir une connaissance "imparfaite" dans ses deux langues ou de ne pas appartenir à une seule culture, et les langues autres que le français parlées dans l'environnement familial sont souvent considérées comme source de retard ou de difficultés pour l'acquisition de la langue de l'école. Paradoxalement le bilinguisme ou même le multilinguisme est pourtant une aptitude à laquelle aspirent de nombreux parents pour leurs enfants: ainsi ces dernières années ont vu se développer une forte pression sociale pour l'amélioration de l'enseignement des langues, pour un enseignement plus précoce et la création de classes ou sections dites bilingues ou trilingues, internationales ou dernièrement européennes.

C'est donc un point de vue monolingue qui nourrit les représentations aussi bien positives que négatives envers le bilinguisme.

1. Que veut dire être bilingue ?

1.1. Bilinguisme individuel

Si je vous demande: "êtes-vous bilingue?" certains d'entre vous vont répondre oui, d'autres non, la plupart vont qualifier leur réponse. Quels seront vos critères? Que veut dire "parler" deux langues? On peut être capable de parler deux langues mais n'en utiliser qu'une, on peut parler régulièrement deux ou plusieurs langues mais dans certaines la compétence sera plus limitée, on peut utiliser une langue dans la vie de tous les jours et lire et écrire dans une autre etc. La plupart des bilingues utilisent leurs deux langues dans des domaines différents. Définir qui est bilingue et qui ne l'est pas est une tâche impossible. Il est plus intéressant de savoir ce que le bilingue fait avec ses deux langues. J'y reviendrai plus loin.

1.2. Bilinguisme de société

Une première distinction doit être faite entre individu bilingue et société bilingue. Nous connaissons tous des pays bilingues ou multilingues où plusieurs langues sont reconnues comme officielles dans la constitution.

- par ex. le gaélique et l'anglais en Irlande,
- le français et l'anglais au Canada, etc.

ou des pays où plusieurs langues coexistent selon différentes modalités: ou plusieurs langues peuvent exister à l'intérieur d'une aire géographique, ou coexistence de deux ou plus aires unilingues dans une même structure politique.

L'étude des politiques linguistiques de ces pays ainsi que la répartition de ces langues selon les locuteurs ou les régions concerne ce que l'on appelle le bilinguisme de société.

1.3. Bilinguisme / bilingualité

Plutôt que bilinguisme de société et bilinguisme individuel les chercheurs francophones distingue entre bilinguisme et bilingualité. (Hamers et Blanc, 1982);

- bilinguisme faisant référence à une communauté dans laquelle il y a présence simultanée de deux langues chez les individus ou dans la communauté.
- bilingualité: fait référence à l'individu bilingue, au bilinguisme personnel ou individuel.

1.4. Unilinguisme / monolinguisme

De même en français on distingue entre unilingue et monolingue, le premier terme faisant référence à un groupe ou une communauté n'ayant accès qu'à un seul code linguistique, le second étant utilisé pour un individu qui ne parle qu'une langue.

L'étude du développement du bilinguisme chez l'enfant dès son plus jeune âge par exemple, concerne le domaine du bilinguisme individuel. Une question revient fréquemment dès que l'on parle d'enfant bilingue, la notion de bilinguisme « parfait ». Il n'y a bien sûr pas plus de bilingues parfaits que de monolingues parfaits. La meilleure façon de convaincre des locuteurs monolingues francophones est de leur donner une liste de noms dont ils ne connaissent pas le genre, ou de réciter le subjonctif imparfait de verbes irréguliers etc. voir même certains exercices de Bled niveau troisième.

2. Qu'est-ce qu'un individu bilingue ? Tentatives de définitions

Si l'on se penche sur les travaux publiés (Baker 1996, Romaine 1989, Baetens Beardsmore 1982, Grosjean 1982, etc.), on se rend vite compte qu'il existe autant de définitions que de chercheurs et que ces définitions vont d'une interprétation minimaliste à une interprétation maximaliste.

2.1. Ambilinguisme / semilinguisme

Une interprétation maximaliste est celle que donne Bloomfield (1935) : "The native-like control of two languages". Un ambilingue serait donc quelqu'un qui parlerait les deux langues comme deux locuteurs natifs monolingues. Même si de tels cas existent, ils restent très rares et ne représentent pas la majorité des individus bilingues dans le monde actuel. En effet comment peut-on vivre tous les évènements de sa vie dans deux langues en même temps?

Une interprétation minimaliste renvoie au terme de « semilinguisme », contesté aujourd'hui.

Ce terme a été utilisé pour désigner un état du développement langagier du bilingue qui n'atteint le niveau du locuteur natif dans aucune des deux langues. De nombreuses recherches depuis les années 60 ont montré que l'acquisition simultanée de deux langues par le jeune enfant n'est pas source de retard dans le développement langagier. Ce n'est pas le bilinguisme qui est source de difficultés pour l'enfant mais d'autres facteurs qu'il est nécessaire de prendre en compte (par exemple: les attitudes envers les langues, les tests élaborés uniquement en langue d'enseignement, les comparaisons entre sujets bilingues et sujets monolingues sans tenir compte de critères sociaux et économiques, et le fait que les bilingues sont très souvent évalués par rapport à des critères conçus pour et par des monolingues, etc.).

Les chercheurs aujourd'hui (Grosjean 1989, 1994, Romaine 1989, Cook 1997) souligne le caractère spécifique et différent de la compétence bilingue et proposent d'adopter un point de vue bilingue sur cette question.

2.2. Bilinguisme équilibré / dominant

La plupart des définitions du terme bilingue sont basées en fait sur des critères de compétence linguistique. Ainsi, lorsque l'on a essayé de mesurer ces compétences, on a distingué entre bilingue équilibré (une compétence équivalente est atteinte dans les deux langues, et bilingue dominant (la compétence dans une langue est supérieure à la compétence dans l'autre langue: cela peut-être la L1 ou la L2, langue de la communauté par ex.). Et l'on conclut que plus les compétences sont équivalentes dans les deux langues, plus l'individu est bilingue. Fishman (1968), critique ces mesures et fait remarquer que les compétences des bilingues varient d'un domaine à l'autre selon la situation, l'interlocuteur, le sujet de discussion, etc., c'est-à-dire selon un certain nombre de critères psychologiques, ainsi bien sûr, que les conditions dans lesquelles s'est développé le bilinguisme.
En effet, il est rare qu'un individu bilingue ait besoin d'utiliser ses deux langues dans une situation à des fins identiques. Il n'est donc pas possible de mesurer le bilinguisme en dehors du contexte social dans lequel vit l'individu bilingue.
Aujourd'hui les chercheurs mettent l'accent sur l'aspect fonctionnel des deux langues chez l'individu: le degré de compétence dans les deux langues dépendra du contexte et des conditions dans lesquelles le locuteur les utilise. On insiste donc plus aujourd'hui sur ce que le locuteur peut faire avec ses deux langues dans la société dans laquelle il vit.

2.3. Bilinguisme fonctionnel

On retrouve de nouveau à l'intérieur de cette notion de bilinguisme fonctionnel des interprétations minimalistes et maximalistes: on parle de bilinguisme passif ou réceptif quand une personne comprend une seconde langue mais ne peut pas la parler et de bilinguisme productif quand l'individu est capable de faire face à un grand nombre de situations dans lesquelles il utilisera de façon satisfaisante ses deux langues, ce qui ne veut pas forcément dire que la personne en question aura nécessairement le même degré de compétence écrite ou orale dans les deux langues.

L'étude du bilinguisme d'un point de vue fonctionnel implique de se poser 5 questions:

- qui est le locuteur
- qui est l'interlocuteur
- quelle est la situation
- quel est le sujet de conversation
- quel est le but, la raison de l'échange

et dès que l'un de ces cinq facteurs change, la langue utilisée peut aussi changer. Donc le choix de langue du bilingue est le résultat d'un ensemble de facteurs complexes à décrire : Baker (1996, p.14) donne un exemple parlant d'un locuteur marocain berbérophone aux Pays-Bas et de ses choix de langue (il peut y avoir jusqu'à 5 choix) selon la situation et le locuteur auquel il s'adresse.

3. Les dimensions socioculturelles du bilinguisme

Il est important d'insister sur une autre distinction entre le bilinguisme des élites, qui a toujours existé, et le bilinguisme des "minorités" ou des populations de migrants auquel ne sont pas associées les mêmes représentations.

Au bilinguisme des élites tel celui de l'aristocratie russe au XIXème siècle ou des employés des institutions européennes aujourd'hui, sont bien sûr associées des valeurs positives et ce type de bilinguisme a toujours été reconnu. Par contre le bilinguisme des populations de migrants qui veulent garder leur langue d'origine et la transmettre à leurs enfants est souvent perçu comme un frein à l'intégration et source de difficultés scolaires pour ces enfants.

Dans ce domaine encore les résultats de nombreuses recherches gagneraient à être mieux connus.

3.1. Bilinguisme additif / soustractif

Déjà en 1974, Lambert a montré l'importance du contexte sociolinguistique sur le développement linguistique de l'enfant bilingue. Lambert distingue entre deux types de bilinguisme selon le statut relatif des deux langues dans la communauté; suivant que les deux langues sont valorisées ou non dans l'entourage de l'enfant, celui-ci développera des formes différentes de bilingualité.

Si les deux langues sont suffisamment valorisées, l'enfant pourra en tirer un bénéfice maximum sur le plan cognitif et profiter d'une stimulation enrichissante qui peut mener à une plus grande flexibilité cognitive (que l'enfant monolingue n'a pas). Au contraire si le contexte socioculturel est tel que la langue maternelle de l'enfant est dévalorisée dans son entourage (ou non reconnue à l'école par ex.), son développement cognitif pourra être freiné.
Lambert utilise les termes de :
bilinguisme additif : l'enfant acquiert une deuxième langue qui s'ajoute à sa première langue et représente un plus et
bilinguisme soustractif : l'enfant développe sa seconde langue au détriment de son acquis en L1 parce que son entourage dévalorise sa L1 par rapport à une langue dominante qui a un statut souvent plus prestigieux.
Cette distinction permet de comprendre jusqu'à un certain point comment les conditions dans lesquelles se développe le bilinguisme peuvent avoir des effets positifs ou négatifs, et que ce n'est pas l'usage des deux langues qui est responsable de ces effets sur le développement linguistique de l'enfant, mais les représentations et les valeurs que l'on projette sur les langues et l'image que l'enfant se construit en tant qu'individu vivant dans ces deux langues.
Hamers et Blanc (1983) remettent en question la validité de cette distinction qui n'a selon eux qu'une valeur de modèle descriptif de développement bilingue et qui n'expliquent pas si ce sont les facteurs socio psychologiques qui sont les plus importants ou la perception de ces facteurs. Mais d'autres chercheurs (Clement and Kruidenier 1983) ont aussi beaucoup insisté sur l'importance du contexte socioculturel dans lequel a lieu l'acquisition des deux langues; en effet ce contexte pourrait déterminer la dimension affective qui est mise en jeu dans - l'acquisition (comme dans l'apprentissage des langues étrangères d'ailleurs).

4. Comment devient-on bilingue ?

De nombreux chemins mènent au bilinguisme et tous ne commencent pas nécessairement dès la naissance. Mais le critère de l'âge permet aux chercheurs de distinguer entre acquisition simultanée et acquisition consécutive de deux ou plusieurs langues.

4.1 Acquisition simultanée / consécutive

On parle d'acquisition simultanée quand les deux langues sont utilisées dans le milieu familial dès la naissance. Cette forme de bilinguisme est fréquente dans les familles "mixtes" ou bi-nationales.

Le terme d'acquisition consécutive est utilisé quand la seconde langue est acquise plus tard, à la maison ou à l'école, maternelle ou primaire. C'est souvent le cas de familles monolingues qui émigrent.

Mc Laughlin (1984) situe arbitrairement l'âge de trois ans comme limite entre ces deux formes de bilinguisme.

Avant l'âge de trois ans, l'acquisition est dite naturelle ou informelle, c'est-à-dire sans enseignement formel. Après l'âge de trois ans, il est courant que le contexte d'acquisition soit plus formel mais il peut aussi être informel comme dans le cas des « street learners » c'est-à-dire des enfants qui apprennent dans la rue.

Cette distinction me semble importante car s'il existe depuis les années 60 un grand nombre de recherches montrant que les enfants qui acquièrent deux langues de façon simultanée deviennent des bilingues compétents, il n'en est pas de même pour les enfants qui acquièrent une seconde langue de façon consécutive. Trop souvent l'amalgame est fait entre bilinguisme précoce et scolarisation précoce dans une L2 ou LE, ce qui ne veut pas dire qu'une scolarisation précoce ne mène pas à un éventuel bilinguisme, mais que le contexte d'acquisition des langues est un facteur très important qui doit être pris en compte dans toute étude concernant l'acquisition bilingue ou l'éducation bilingue.

4.2. Le bilinguisme subordonné

Un chercheur Finlandais (Kuure, 1997) propose d'ailleurs un troisième type de bilinguisme: le bilinguisme subordonné ou bilinguisme qui se développe à l'école. Ses recherches sur les productions écrites de bilingues simultanés, consécutifs et subordonnés comparées aux productions écrites de monolingues montrent des différences dans les deux derniers cas et un taux de réussite supérieure pour les bilingues simultanés.

4.3. Bilinguisme familial / scolaire

Le contexte d'acquisition ou d'apprentissage de plusieurs langues par un enfant est donc important à prendre en compte. Devenir bilingue dans sa famille parce que l'on communique dans une langue avec un parent et dans une autre avec l'autre parent ou parce qu'à la maison on parle une langue autre que celle de la communauté dans laquelle on vit est un contexte qui diffère radicalement de celui d'une scolarisation bilingue même précoce.

5. Le bilinguisme simultané : conséquences au niveau linguistique

De nombreuses recherches existent depuis le début du siècle:

- Ronjat, 1913 : allemand/français
- Leopold, 1939 à 1949 : allemand/anglais
- Fantini, 1985 : anglais/italien/espagnol)
- Saunders, 1988 : allemand/anglais en Australie)
- Helot, 1988, français/anglais/gaélique en Irlande etc.

Ces recherches suggèrent différents stades dans l'acquisition des deux ou plusieurs langues, et dans l'ensemble ne montrent pas de différenciation entre les deux langues avant l'âge de deux ans. Ensuite, la plupart des enfants savent quelle langue parler à qui ou quelle situation appelle une langue ou l'autre.

De plus, Swain (1972) a montré comment l'acquisition simultanée de deux langues ne diffère ni au niveau de l'ordre d'acquisition ni au niveau des processus, de l'acquisition d'une seule langue. Ce qui veut dire que tout se passe pour les deux langues comme si l'enfant n'en apprenait qu'une. Elle en conclut que le bilinguisme est la première langue de l'enfant, qu'un seul système linguistique sous-tend les deux langues du bilingue. Cummins 1976, 1978) confirmera ces résultats.

Un autre phénomène est décrit dans toutes ces études: si les enfants différencient les deux langues à partir d'un certain âge (variable d'un enfant à l'autre), il est tout à fait fréquent (et normal) qu'un enfant qui acquiert (ou apprend) deux langues, les mélange. Il existe différents types de mélange qui ont été amplement décrits. Ainsi les chercheurs distinguent entre:

- mélange de code:
- alternance de code
- emprunt
- transfert et interférence

5.1. Mélange de code

Ex : je veux mon "bike"

L'exemple illustre ici une stratégie de communication dans laquelle un locuteur mêle des éléments des deux langues et de ce fait brise les règles de la langue utilisée. Ce phénomène se passe au niveau du mot et il est parfois nécessaire avec des mots qui sont spécifiques à une culture: comment dire par exemple « la fève » en anglais?

5.2. Alternance de code

Il s'agit d'une stratégie de communication utilisée par les bilingues entre eux qui consiste à faire alterner des unités de longueur variable de deux codes à l'intérieur d'une même interaction verbale, de changer de code en milieu de phrase (Romaine, 1989). Beaucoup de facteurs sociaux entrent en jeu et l'alternance de code est un phénomène très fréquent dans les contextes bilingues comme en Alsace par exemple. L'alternance de code est une des spécificités du parler bilingue qui est souvent perçue de manière négative par les locuteurs monolingues.

5.3. Emprunt

Phénomène fréquent dans nos langues comme l'attestent de nombreux exemples : week-end, walkman en français, cul de sac en anglais, toubib en français emprunté à l'arabe, etc.

5.4. Transfert / interférence

Ex : une rouge voiture. Enoncé produit par une enfant bilingue français/anglais.

C'est un phénomène inconscient: l'enfant place l'adjectif de couleur en français en appliquant la règle pour l'anglais. Le terme transfert est préféré au terme interférence, qui a des connotations négatives de la part de celui qui écoute et n'accepte pas ces mélanges. Le transfert est l'utilisation inappropriée d'éléments d'une langue dans l'utilisation d'une autre langue.

En fait l'enfant qui mélangent les deux langues utilise ce qu'il a de disponible en lui pour s'exprimer, il fonctionne avec ou dans deux codes et quand il ne connaît pas un élément dans un code il est normal qu'il le cherche dans l'autre. Le transfert fait partie du développement normal de l'enfant bilingue et disparaît avec le temps. Plus le bilingue grandit, plus il sépare les deux langues. Le transfert est très souvent non compris par les monolingues;

Autre exemple: une tartine *avec sans beurre: cette phrase produite par une enfant bilingue anglais/français est l'illustration d'un transfert de l'anglais without et n'est pas la preuve que l'acquisition bilingue entraîne un retard dans l'acquisition du français. Mais un tel énoncé sera interprété par un locuteur monolingue francophone comme preuve de confusion chez l'enfant qui grandit avec deux langues.

La littérature fait état cependant d'une exception, celle des Portoricains nés à New York qui continuent de mélanger leur deux langues toute leur vie (Romaine 1989).

5.5 Les stratégies de place, personne et autres

Certains chercheurs ont essayé de faire un lien entre le contexte d'acquisition des deux langues et le mélange de code et un bon nombre d'entre eux suggère que la stratégie de personne (recommandée par Ronjat, 1913, une personne = une langue) aide l'enfant à séparer ses deux langues.

Taeschner (1983) montre que vers l'âge de trois ans, l'enfant commence à baser son utilisation du langage sur des règles et que pour cette raison la stratégie de personne offre à l'enfant un modèle cohérent. Elle remarque d'ailleurs comme d'autres chercheurs et de nombreux parents, que les enfants manifestent un très grand attachement au principe une personne une langue. Il est évident qu'en grandissant le principe devient moins rigide, mais de nombreux adultes garde toute leur vie une relation privilégiée avec la langue parlée dans leur enfance avec leur mère ou leur père.

Les autres stratégies dont rendent compte les recherches sont la stratégie de place, une langue à la maison et une autre à l'école

ou dans la communauté. Cette stratégie a l'avantage de permettre à l'enfant d'avoir quantitativement un plus grand contact avec la L2 quand il est scolarisé dans une langue autre que celle parlée à la maison par exemple. L'école dans ce cas prend le relais du bilinguisme instauré d'abord dans la famille.
Des études montrent que les enfants n'ont pas de difficultés à séparer les deux langues dans ce type de stratégie. En effet la stratégie de place permet à l'enfant d'associer dès son plus jeune âge, une langue à un endroit. Ce principe peut cependant être plus difficile à appliquer pour les parents, souvent influencés par la langue dominante de la communauté qui est aussi la langue de la télévision, de l'école, des amis, de la rue. C'est le cas des enfants issus de l'immigration. La langue de scolarisation devient très vite dominante dans la vie de l'enfant sans oublier qu'elle a souvent un statut bien supérieur à la langue de la maison. Et il est évident que les situations varient beaucoup selon le statut des langues en présence et selon les attitudes envers ces langues dans la communauté.
Les cas de familles qui n'utilisent pas de stratégie montre la prédominance de la langue de la communauté comme dans les familles qui choisissent des stratégies dites artificielles, parler la L2 le dimanche par exemple.
Les cas des familles trilingues sont intéressants aussi. Le statut des langues joue toujours un rôle important. Par exemple le gaélique, le français et l'anglais en Irlande: un parent parle le gaélique à la maison, l'autre le français, l'enfant est scolarisé en immersion totale en gaélique et l'anglais est acquis dans la rue. (Hélot, 1988, Harding and Riley 1986).

6. Bilinguisme et développement cognitif de l'enfant

Les nombreux travaux de Cummins (1976, 1980, 1981) explorent la relation entre bilinguisme et cognition.

6.1. Le modèle CUP (Common Underlying Proficiency Model):
Beaucoup de parents et d'enseignants ont encore une conception naïve de la façon dont fonctionnent deux langues chez un individu. Ces conceptions se traduisent souvent à travers l'image des deux plateaux d'une balance où les deux langues seraient chacune sur le plateau d'une balance, la L2 s'améliorant au dépend de la L1. Ou bien l'on imagine que

l'individu monolingue a un ballon linguistique bien rempli dans le cerveau alors que l'individu bilingue aurait deux ballons à moitié remplis. En d'autres termes, le cerveau ne pourrait faire place à la L2 qu'au dépend de la L1. Cummins donne à ces conceptions naïves le nom de "separate underlying proficiency model".

Selon ce modèle les deux langues fonctionneraient séparément, sans transfert, et restreintes chacune à un espace limité. Il ressort des derniers travaux de recherche:

- qu'il y a suffisamment d'espace dans le cerveau, non seulement pour deux langues mais pour d'autres encore.
- qu'il ne s'agit pas d'espace, que les deux langues ne sont pas cloisonnées, que les attributs de la langue ne sont pas séparés dans le système cognitif mais qu'ils sont transférables d'une langue à une autre et qu'ils agissent les uns sur les autres.

Par exemple, des cours donnés en allemand ne profitent pas seulement à un "secteur" allemand du cerveau. Des leçons apprises dans une langue sont facilement transposables dans une autre langue; lorsqu'un enfant apprend à faire des multiplications en anglais, il ne lui est pas nécessaire de réapprendre ces opérations en français, ce qui ne veut pas dire qu'il n'a pas besoin d'apprendre les éléments langagiers nécessaires pour formuler l'opération dans la L2.

Ces constats ont amené Cummins (1980, 1981) à élaborer un modèle de bilinguisme alternatif: le « Common Underlying Proficiency Model » ou CUP.

Ce modèle représente le bilinguisme sous la forme de deux icebergs qui sont séparés au dessus de la surface (Voir les schémas très clairs de Baker, 1996, p. 147). Au dessous, ils sont fondus en une masse commune ce qui montre que les deux langues ne fonctionnent pas séparément mais à partir du même système opératoire. Mais au dessus de la surface, les deux langues apparaissent distinctes dans leurs manifestations extérieures. Le modèle CUP suggère donc que lorqu'une personne maîtrise deux langues ou plus, il n'y a qu'une seule source de pensée qui intègre le tout et que le bilinguisme est possible parce que les êtres humains ont la capacité de stocker facilement plusieurs langues.

6.2. La théorie du seuil

A travers cette théorie, Toukomaa et Skutnabb-Kangas (1977) et Cummins (1976) ont essayé d'expliquer la relation qui existe entre le développement cognitif et le degré de bilinguisme de l'individu. Selon ces chercheurs il existe chez l'enfant bilingue, différents seuils de compétence linguistique dans chacune des deux langues et les effets sur le bilinguisme dépendent du seuil que l'enfant a atteint dans chacune de ses langues. En deçà du premier seuil le bilinguisme peut avoir des conséquences négatives, au delà du second, le bilinguisme peut avoir des effets positifs. (voir le schéma que propose Baker 1996, p.149)

Cette théorie suggère que certains enfants tireront des bénéfices du bilinguisme sur le plan cognitif, alors que pour d'autres le bilinguisme peut avoir des conséquences négatives. De nombreuses autres recherches vont dans le sens de la théorie du seuil. L'application intéressante de cette théorie est qu'elle aide à comprendre pourquoi il arrive que des enfants issus de minorités linguistiques ne réussissent pas à acquérir une compétence suffisante lorsqu'ils sont scolarisés dans ce qui constitue pour eux une L2. Ainsi pour certains de ces enfants c'est le niveau de développement insuffisant dans la L2 langue de l'école, qui limite leur aptitude à dominer les notions abstraites des matières enseignées en classe.

Cummins, ainsi que d'autres chercheurs après lui, a voulu montrer comment la maîtrise de la L2 dépendrait en partie du niveau de maîtrise déjà atteint par l'enfant dans la L1. C'est à dire que plus la L1 est maîtrisée, plus il sera facile de maîtriser la L2 et le développement du bilinguisme sera d'autant plus difficile que le niveau de la L1 est encore limité.

Ces travaux ont vu le jour dans le cadre de l'enseignement dispensé aux minorités linguistiques, c'est-à-dire de la scolarisation des enfants issus de l'immigration dans une langue autre que leur langue maternelle. Beaucoup d'autres recherches confirment cette théorie et les partisans du bilinguisme ont montré que l'usage de la L1 de ces enfants devrait être entretenu et développé parce que l'acquisition d'une L2 est largement tributaire de la maîtrise de la langue maternelle.

Conclusion

Bilinguisme et éducation bilingue sont deux champs d'études liés par un objectif commun, comprendre le phénomène du bilinguisme, mais il est important de distinguer les contextes et de ne pas généraliser des résultats obtenus dans un contexte à un autre. Ce sont principalement les résultats des travaux sur le bilinguisme précoce en milieu familial qui sont utilisés pour justifier l'enseignement précoce des langues à l'école. Or jamais l'école ne pourra fournir le même contexte d'acquisition que celui du milieu naturel même dans les écoles d'immersion totale et même si les derniers textes sur l'enseignement bilingue en langue régionale propose un dispositif d'immersion en internat (BO n°33, septembre 2001). On voit cependant aussi dans ces derniers textes, l'exemple du succès des sections internationales en collèges et lycées cité comme modèle pour développer l'option européenne. Oublie-t-on que la majorité des élèves fréquentant les sections internationales sont bilingues dans leur milieu familial et depuis leur enfance, ce qui est loin d'être le cas des élèves inscrits en sections européennes. Comment peut-on demander à l'école de former de futurs citoyens multilingues sans tenir compte de tous les aspects et contraintes qui entrent en jeu dans le développement bilingue, sans distinguer la spécificité des contextes familial et scolaire, sans insister sur la notion de statut des langues et l'importance des attitudes et représentations qui leur sont associées?

Chapitre 2
Construire et évaluer les apprentissages

L'APPRENTISSAGE PRECOCE DES LANGUES VIVANTES : QUELS SONT LES PROCESSUS D'ACQUISITION EN JEU?

D.GAONAC'H, DIRECTEUR DU LABORATOIRE LANGAGE ET COGNITION (LACO), UNIVERSITE DE POITIERS

Préambule

Il faut tout d'abord mentionner que les travaux qui, en psycholinguistique, visent à étudier l'apprentissage précoce d'une L2, peuvent porter sur des situations très différentes les unes des autres, certaines relevant de situations scolaires comme celles qui vous concernent principalement, d'autres relevant de situations qui peuvent souvent se rapprocher en fait du bilinguisme. Il faut donc être très méfiant sur la possibilité de généraliser les résultats obtenus. Il y a beaucoup d'occasions de confondre situations scolaires et situations d'émigration, ou situations de bilinguisme, qui elles mêmes peuvent être extrêmement variées selon les caractéristiques sociologiques de la situation. Il y a aussi des choses extrêmement variées du point de vue des âges concernés, et de l'âge auquel les enfants sont confrontés à ce genre de situation. Des confusions existent aussi, assez souvent, entre la notion d'apprentissage précoce et la notion d'immersion. Il faut donc beaucoup d'attention, quand on fait une recherche bibliographique, pour repérer les caractéristiques de chaque situation et en tenir compte dans l'interprétation qu'on peut faire du résultat.

Un autre préambule que je voudrais faire, et ce sur quoi je vais insister tout au long de cet exposé, c'est que quand on tente de faire un bilan pour déterminer si la précocité est quelque chose de favorable aux apprentissages, on tombe sans arrêt sur un facteur qui est tout à fait essentiel et qui est extrêmement simple : ce qui détermine parmi tout l'efficacité de l'apprentissage d'une langue, c'est le temps d'exposition à la langue. Ce n'est évidemment pas un résultat tout à fait extraordinaire, mais c'est quelque chose qui biaise énormément toutes les analyses qu'on peut faire sur les caractéristiques des situations, en particulier des situations scolaires. La durée d'exposition n'est d'ailleurs pas seulement un facteur quantitatif; pour le psycholinguiste ; c'est quelque chose qui a des conséquences essentielles d'un point de vue qualitatif sur la nature des processus d'acquisition. On rencontre à plusieurs reprises la différentiation entre apprentissage implicite et apprentissage explicite. Il est évident que les situations avec une exposition importante à la langue favorisent les apprentissages implicites, alors que les situations scolaires très restreintes du point de vue quantitatif ne permettent pas accorder autant d'importance au processus implicite d'acquisition. La durée d'exposition est une dimension qui biaise beaucoup d'interprétations, et qui conduit assez souvent à relativiser ce que l'on peut dire sur d'autres caractéristiques des situations d'apprentissage.

La notion « d'âge critique »

La notion centrale en psycholinguistique par rapport à l'idée de précocité, c'est la notion d'âge critique que vous connaissez certainement déjà. On peut rappeler que c'est une notion qui vient en grande partie de l'éthologie. Rappelez-vous les oies de K. Lorenz : c'est l'image qu'il faut avoir en tête pour repérer le fondement de cette notion. L'âge critique, ça se réfère au fait que certains comportements ne peuvent être installés chez un individu que s'il y a une incitation environnementale à un moment donné pour que ce comportement s'installe effectivement. Il faut qu'une interaction se produise avec l'environnement pour déclencher un processus dont on peut penser qu'il correspond à quelque chose d'inné. Dans l'exemple des oies de Lorenz, il s'agit d'un comportement d'attachement à un individu. En général, les oisillons se trouvent en présence de leur mère à un moment de sa vie, et cette présence déclenche un attachement qui permet ensuite à ces petites oies de suivre sagement la mère partout où elle va. Lorenz, vous vous souvenez, avait montré que si les oisillons sont mis en présence de quelqu'un d'autre, lui en l'occurrence, à une période précise du développement, et bien, c'est cette personne qui devenait la mère en quelque sorte et à laquelle les oisillons s'attachaient. Donc deux contraintes pour que genre de situation fonctionne bien : inscription d'un certain comportement dans le patrimoine génétique (c'est un facteur inné important), et puis, présence d'une stimulation dans l'environnement, qui permet à ce processus de se déclencher.

Il y a donc dans la notion d'âge critique un postulat d'innéité très fort. Il faut bien avoir en tête que beaucoup de représentations que nous avons sur l'intérêt de la précocité d'un apprentissage, beaucoup de ces représentations sont liées à ce postulat d'innéité. La notion d'âge critique, pour en revenir à ce qui concerne les langues, correspond à l'idée que l'acquisition d'une langue, n'importe quelle langue, ne peut se faire de manière efficace que pendant une période donnée. Lorsqu'elle est appliquée à la situation L2, il y a un petit glissement qui consiste à considérer que, non seulement, c'est pendant cette période que l'apprentissage d'une langue est efficace, mais aussi qu'au-delà de cette période l'apprentissage d'une autre langue devient plus difficile. Il y a aussi un autre glissement, qui consiste à considérer que, pendant cette période, il y a éventuellement la possibilité d'apprendre plusieurs langues.

Il y a donc là un certain nombre de raisonnements sous-jacents qui correspondent à des théorisations bien anciennes que vous connaissez, issues pour l'essentiel de la théorie de Noam Chomsky : la notion d'universaux, la notion de language acquisition device (Lad), l'idée que chaque être humain dispose d'un potentiel d'apprentissage d'une langue, que ce potentiel peut s'appliquer à n'importe quelle langue. L'argument principal de Chomsky est que la vitesse d'acquisition de la langue maternelle chez les jeunes enfants est telle que l'on peut difficilement admettre qu'il n'y ait pas quelque chose de biologique qui prépare l'enfant à cette acquisition. Quand on regarde ce qui se passe du point de vue de l'acquisition du lexique vers deux ans, de la syntaxe vers deux ans et demi ou trois ans, ça se passe tellement vite, disait Chomsky, que l'on est obligé de faire le postulat qu'il y a quelque chose dans le cerveau qui permet cet apprentissage. L'argumentation fait référence aussi à des données classiques : la référence aux « enfants sauvages » : si un enfant n'a pas été exposé à une langue avant un certain âge, l'apprentissage de n'importe quelle

langue est impossible ; les cas aussi de surdi-mutité guérie à un certain âge montrent que la possibilité d'acquérir une langue dépend grandement de l'âge à partir duquel l'enfant a pu être confronté à la langue. Les travaux de cette époque, dans les années 60, considéraient que le point critique était l'adolescence, disons le début de l'adolescence. On parlait souvent de 12 ans comme âge critique au-delà duquel il n'y aurait plus la possibilité de se référer à ce dispositif inné.
Guberina, dans un cadre complètement différent de celui de Chomsky, a développé la notion de crible phonologique et l'idée que ce que nous avons appris de notre langue maternelle nous empêche d'une certaine façon d'entendre d'autres sons. Là c'est un raisonnement beaucoup plus précis sur certains aspects des langues, qui a conduit à considérer que nous sommes tous, par construction, d'une certaine façon « sourds » aux sons d'une langue étrangère. Le fait d'avoir appris une langue avec certaines caractéristiques, notamment du point de vue de la phonologie, en termes d'opposition, de capacité à utiliser des oppositions au sens linguistique dans le cadre d'un système de langue, nous rend sourds à d'autres sons. Guberina est d'ailleurs quelqu'un qui travaillait sur les sourds autant que sur les apprenants de langues étrangères et, d'une certaine façon, il considère ces deux populations comme un petit peu semblables ! De son point de vue, la première difficulté à apprendre une langue étrangère, c'est cette espèce de surdité qui est construite de par l'acquisition d'un système langagier.

Les universaux et l'ordre naturel d'acquisition

Toutes ces questions théoriques correspondent à des questions qui ont conduit à des débats dans le domaine de la didactique des langues. On rencontre par exemple un assez grand nombre de travaux récents sur la notion d'universaux. La question est relativement simple : est-ce que dans l'apprentissage d'une langue étrangère le dispositif inné, le Lad de Chomsky, est encore disponible ? Est-ce qu'on peut repérer dans les processus d'acquisition d'une langue étrangère des mécanismes qui seraient identiques à ceux qui ont été mis en œuvre à propos de la langue maternelle ? Il y a une bonne partie de travaux en psycholinguistique, aux Etats Unis en particulier, sur ce qu'on appelle « l'ordre naturel d'acquisition ». Est-ce que par rapport

à l'apprentissage d'une langue étrangère, on peut supposer qu'il y a des degrés de difficulté, par rapport à des éléments de langue, par rapport à leurs caractéristiques, qui correspondent à ce qu'on peut observer chez le jeune enfant pour la même langue en langue maternelle ? Il y a des travaux qui vont effectivement dans ce sens et qui conduisent à dire : vous voyez, un adulte, en face de tel phénomène de langue, rencontre les mêmes difficultés, dans le même ordre qu'un enfant pour sa langue maternelle ; il bute, dans le même ordre, sur les mêmes difficultés ; lorsqu'on introduit des difficultés, dans un certain ordre ça marche, dans un autre ordre ça ne marche pas, et cela correspond à ce que l'on peut observer chez l'enfant en langue maternelle.
Derrière ce genre de raisonnement, il y a clairement une hypothèse innéiste, même si elle n'est pas explicite, qui consiste à considérer que, en face de toute langue, un cerveau humain va mettre en œuvre un certain nombre de mécanismes qui vont contraindre l'ordre d'acquisition et les difficultés d'acquisition. On rencontre ce genre de problèmes théoriques lorsqu'on réfléchit à certaines questions liées à des options didactiques. Je ne sais pas très bien où en sont les « modes » didactiques actuellement, mais quand j'ai commencé à travailler dans ce domaine, on était en pleine émergence de « l'approche communicative ». C'est des questions que l'on peut soulever par exemple à propos du « notionnel-fonctionnel » ; il y a derrière toutes les approches qui font référence aux interactions et à l'importance des interactions dans l'acquisition d'une langue, le postulat que tout locuteur dispose d'un certain nombre de compétences d'acquisition, des compétences qui peuvent être mises en œuvre pour exploiter une situation d'interaction. Derrière l'approche communicative, il y a bien cette idée que c'est en parlant qu'on apprend à parler, c'est en utilisant la langue que l'apprenant va être le mieux en mesure d'exploiter ses compétences (qui sont donc considérées implicitement comme innées), que l'on peut appliquer à n'importe quelle langue.

Le caractère relatif de la notion de précocité

Un élément de réflexion qui me paraît important de souligner par rapport à tous ces concepts, c'est ce que l'on sait maintenant

du développement de certains aspects de la langue maternelle. Je vais prendre, parce que c'est le plus facile, l'exemple de la phonologie, et la manière dont le jeune enfant acquiert un certain nombre de compétences par rapport aux caractéristiques de sa langue maternelle. Je prends cet exemple par rapport à la question qui va être centrale ensuite, les apprentissages précoces. Mais d'abord, il faut s'entendre sur ce terme « précoce ». Jusqu'à quand peut-on parler d'apprentissage précoce ? Et quelles sont les caractéristiques des âges auxquels on peut s'intéresser pour déterminer les mécanismes qui peuvent concerner ces différences d'âge? Une question que soulève d'emblée le psycholinguiste c'est que certaines acquisitions relatives à la langue maternelle sont, on le sait maintenant depuis une dizaine d'années, beaucoup plus précoces que ce qu'on pensait auparavant. Si je veux présenter très rapidement et de manière caricaturale l'idée que je veux défendre en quelques minutes : si on veut vraiment faire de l'apprentissage précoce, il faut vraiment que ce soit très très précoce, dans les premières semaines de la vie d'un enfant (peut-être même avant ?).
Les connaissances que l'on a maintenant sur la surdité aux sons d'une langue étrangère se sont développées, c'est ce que j'évoquais tout à l'heure à propos des travaux de Guberina. On sait maintenant que la structuration de la langue maternelle, sous certains aspects, se fait dans les premières semaines de la vie. Si on prend le cas d'oppositions qui existent dans une langue et pas dans une autre langue, on peut montrer que la manière dont un enfant perçoit cette opposition est contrainte par les caractéristiques de la langue maternelle, de la langue parlée dans l'entourage, et ce dès les premières semaines de la vie. Les spécialistes du bébé utilisent pour montrer ce genre de choses des techniques un peu particulières. L'exemple typique, c'est l'opposition entre « b » et « p », qui est une distinction qui n'a pas de frontière physique. On peut, si on s'y prend bien, prononcer un « be » qui devient très progressivement un « pe ». Mais, dans une langue donnée, cette opposition est une opposition qui a une frontière linguistique ; c'est une frontière qui est apprise, et qui peut présenter des caractéristiques différentes selon les langues. Comment fait-on pour savoir si un bébé distingue le « pe » du « be » ? On le prend un moment où

il a un peu faim, et on lui met une tétine dans la bouche. Il suce la tétine et au bout d'un moment il se fatigue, il arrête de sucer. Si on fait entendre quelque chose à un moment donné à un petit enfant qui a une tétine dans la bouche, la seule audition un peu surprenante dans le contexte déclenche un réflexe de succion. Quand on change le son présenté à l'enfant, ça déclenche une accélération de la succion. Donc si on présente « be » « be » « be », la succion diminue, l'enfant se fatigue, si on passe à « pe » tout à coup, la succion reprend.
Avec ce genre de technique, on peut montrer qu'au bout de deux mois de vie, l'enfant entend les sons de la langue maternelle selon la structure des sons de la langue tels qu'ils apparaissent pour un adulte. L'oreille du jeune enfant (à partir de deux mois) est déjà structurée en fonction des caractéristiques de la langue de l'entourage. Si bien que l'on s'est intéressé aussi, sur la base de ces travaux, à la manière dont les jeunes enfants pouvaient entendre des sons étrangers. Donc, ce que l'on peut montrer chez un adulte, c'est qu'il a du mal à entendre des oppositions qui n'existent pas dans sa langue. Il y a des travaux anciens tout à fait classiques qui correspondent à ce que j'appelais tout à l'heure la surdité aux sons des langues étrangères. Si on fait ce genre d'expérience sur des jeunes enfants, on peut montrer que à partir de neuf à douze mois, les jeunes enfants commencent à être sourds aux sons des langues étrangères. Je dis « commencent », nous sommes d'accord. Mais néanmoins, le phénomène que je veux souligner là, c'est que si on tente de raisonner sur la notion d'âge critique pour déterminer une tranche d'âge où un jeune enfant serait parfaitement ouvert à tout ce qui peut se passer dans son environnement du point de vue linguistique, et disposerait de toutes les capacités qui sont supposées être les siennes à la naissance, et bien la réponse est clairement à partir de quelques semaines, ou à partir de quelques mois au mieux. Il y a déjà des contraintes, chez les jeunes enfants, qui sont liées aux caractéristiques de sa langue maternelle. On ne peut pas imaginer qu'un enfant de quatre ans, de cinq ans, de sept ans est encore « vierge » par rapport à cette capacité à saisir ce qui peut se passer dans son environnement linguistique. Relativisons les choses : je vous ai donné l'exemple de la capacité à entendre les oppositions d'une langue étrangère, c'est quelque chose qui

s'installe progressivement à partir de quelques mois, et qui peut montrer l'existence d'une courbe de progression de la surdité. Les donnés dont on dispose actuellement laissent penser que cette évolution perdure jusqu'à sept ans.
Je vois tout de suite se diriger les crayons vers les feuilles de papier : sept ans, il a donné un chiffre. Je sais que je prends des risques en énonçant ce genre de choses ; mais, relativisons : c'est pour donner une idée sur l'état actuel de travaux dans ce domaine. C'est vrai que l'on rencontre souvent ce chiffre sept, je ne sais pas s'il présente quelque chose de magique, sur certaines capacités à acquérir du langage.

L'effet de l'âge d'acquisition
Je n'ai pas trouvé dans la littérature spécialisée en linguistique et en psycholinguistique énormément de travaux qui cherchent à comparer apprentissage précoce et apprentissage tardif, c'est-à-dire adolescence ou adulte. Il n'y pas énormément de travaux empiriques là-dessus, pour une raison très simple, c'est que ce n'est pas du tout évident à mettre en œuvre : la comparaison entre ce qui peut se passer dans une situation scolaire comme l'élémentaire, par rapport à ce qui peut se passer dans d'autres situations scolaires où les contraintes sont très différentes, rend les comparaisons très difficiles, et c'est encore plus valable si on veut comparer par rapport à des adultes. Mais ce que j'ai pu lire sur la question m'amène à dire très clairement que l'efficacité des apprentissages précoces n'est pas prouvée. Il faut le dire. A partir de données empiriques, et à partir de travaux qui sont faits dans des pays qui ont une longue tradition d'apprentissage précoce, dont on se sert éventuellement comme modèle pour montrer que c'est efficace. Dans ces pays, où l'on a l'impression que tous les enfants parlent l'anglais magnifiquement dès sept ans ou dix ans, il y a vraisemblablement d'autres facteurs qui entrent en ligne de compte pour faire que les apprentissages des langues sont efficaces, mais il n'y a de mon point de vue pas grand chose qui démontre vraiment que la précocité soit un facteur essentiel. On a d'ailleurs aussi pas mal de travaux qui montrent que l'apprentissage est plus efficace chez les adultes. L'apprentissage d'une langue étrangère par des adultes est quelque chose de très efficace.

La question qui se pose aussi, c'est quel critère on utilise pour décider qu'un apprentissage est plus efficace ou moins efficace. Il y a pas mal de travaux qui insistent sur une différenciation qui me paraît importante : c'est la différence entre vitesse d'apprentissage et résultat final de l'apprentissage. On rencontre assez souvent l'idée que l'apprentissage est plus rapide chez les adultes. Il y a des progrès tangibles qui peuvent être observés rapidement chez l'adulte, mais, chez les jeunes enfants, on peut admettre l'idée d'une efficacité plus grande à terme, que le résultat final peut être meilleur. Çà correspond aussi quelquefois à l'idée que chez l'adulte il y a souvent un plateau au-delà duquel les progrès sont très faibles. Ce qui pose aussi la question de l'évaluation de cette efficacité à terme. D'une certaine façon, la réponse que j'ai envie de faire aux professeurs de sixième qui disent « il faut tout recommencer à zéro », c'est : « oui, et alors ? ». Ca ne prouve absolument pas que ce qui a été fait auparavant n'aura aucun effet sur la suite de ce qui va se passer. C'est peut-être à la limite en terminale que l'enfant en retirera le bénéfice, j'exagère peut-être un peu, mais pourquoi pas ? Ou c'est peut-être dans l'utilisation en dehors d'une situation scolaire qu'il pourra se passer des choses ?
Les quelques travaux, alors là, pour le coup il n'y a pas grand monde qui s'attaque à la question!, sur l'effet de l'apprentissage précoce au niveau du collège ou du lycée montrent souvent que l'apprentissage précoce n'a aucun effet, sauf sur un point qui est peut-être fondamental, c'est l'attitude vis-à-vis des langues. Il y a quelques travaux très précis, qui ont fait des études longitudinales, ce qui est un gros travail, de suivre des enfants sur de longues années. Attitude, ce n'est pas seulement que les enfants aiment mieux les cours de langue, c'est aussi qu'ils recherchent d'avantage d'occasions d'apprendre, y compris en dehors de la classe. Cette question d'attitude est vraisemblablement très importante, pas évidente à mesurer. Là ce que j'essaie de faire passer c'est l'idée que l'on ne peut pas traiter ce genre de questions simplement en regardant ce qui se passe dans la première leçon d'anglais en sixième. Ce n'est certainement pas le bon critère.
Revenons aux adultes. Pourquoi un adulte peut être meilleur, sous certains critères, qu'un jeune enfant ? Un adulte a une meilleure mémoire. Il ne faut pas oublier que le fonctionnement

de la mémoire d'un enfant de six ans n'est pas quelque chose d'installé. Il y a des stratégies de mémorisation que l'on ne voit apparaître que vers huit, dix ans. La mémoire, c'est quelque chose de très complexe, qui est forcément liée aussi aux acquisitions scolaires, je veux dire à des outils qui correspondent à des acquisitions scolaires. L'adulte (en tout cas un peu lettré) à des capacités métacognitives, métalinguistiques qui sont supérieures à l'enfant, des capacités qui permettent une réflexion sur la langue. Ces capacités sont liées aussi éventuellement à des capacités de transfert, c'est-à-dire que le rôle de la langue maternelle n'est pas obligatoirement négatif, loin de là, dans l'apprentissage d'une langue. Il y a déjà un système de maîtrise de langue qui conduit à des capacités nouvelles qui peuvent être exploitées par rapport à une autre langue. Ces facteurs positifs concernant l'adulte ont aussi des contreparties. Chacun de ces points favorables peut constituer aussi un handicap.

Ceci étant, tous ces facteurs positifs que j'évoque à propos des adultes, sont des facteurs qui, pour beaucoup, supposent la mise en place de stratégies d'apprentissage. Donc, une question souvent évoquée c'est que l'intérêt de l'apprentissage précoce puisse être l'utilisation de mécanismes d'acquisition qui soient différents, peut-être plus « naturels » que ceux utilisés par un adulte. Pourtant on sait que, chez le jeune enfant, il y a aussi des stratégies d'apprentissage. Chez les enfants de quatre ans, en face d'une L2, dans une situation de quasi bilinguisme, on peut repérer des stratégies d'apprentissage qui relèvent beaucoup plus de celles de l'adulte langue étrangère que de celle de l'enfant langue maternelle. Un simple exemple : c'est très fréquent d'observer chez l'enfant de deux ou trois ans des stratégies de juxtaposition de mots qui peuvent être relativement indépendantes des contraintes syntaxiques : « Toto Boum », pour la voiture est tombée. Les enfants savent très bien mettre ensemble des mots sans trop se préoccuper de ce qu'ils ont entendu dans le langage de l'adulte, la manière dont l'adulte met les mots ensemble. Les psycholinguistes de la langue maternelle appellent ça des « stratégies cognitives », en opposition à des stratégies linguistiques. C'est-à-dire que le jeune enfant cherche à exprimer quelque chose en utilisant des concepts qu'il maîtrise à travers des mots, sans trop se préoccuper des contraintes de la langue qui permettent en principe d'articuler ces concepts. Vous savez qu'un adulte en langue étrangère ne fait pas ce genre de choses spontanément. On a montré que les enfants de quatre ans, en situation L2, font très rarement également utilisation de stratégies cognitives. Il y a très vite chez les jeunes enfants des stratégies linguistiques, c'est-à-dire que les enfants cherchent à utiliser quelques points de repère linguistiques, des formulations, des structures linguistiques de base. Et ils cherchent davantage à exploiter ces structures linguistiques qu'à exploiter des stratégies cognitives qui leur permettraient d'exprimer de manière floue l'articulation entre concepts.

Ce résultat montre donc qu'un enfant de quatre ans fait davantage confiance à son acquisition des structures syntaxiques qu'à une approche communicationnelle. Les structures syntaxiques lui servent véritablement de point d'accrochage par rapport à ses acquisitions. Il y a pas mal de résultats qui vont dans ce sens là : effet des interférences, du transfert de la langue maternelle, chez les enfants de cinq, six, sept ans, et ce dans des situations assez variées, qui ne sont pas forcément des situations scolaires. Cela conduit à l'idée que les stratégies d'apprentissage chez les jeunes enfants ne sont pas les mêmes que les stratégies d'apprentissage de la langue maternelle. Cela conduit à l'idée que les processus qui permettent l'acquisition de la langue maternelle ne sont pas forcément encore disponibles. Même s'ils sont disponibles, ils ne sont pas utilisés de manière spontanée par les jeunes enfants. La question sous-jacente là est un peu celle de la manière dont un enfant de quatre à six ans (je prends volontairement un âge en amont de celui auquel vous êtes actuellement confrontés dans le système éducatif en France), va exploiter l'exposition à la langue à sa manière, qui est de mon point de vue fondamentalement différente de celle qu'il a utilisée pour sa langue maternelle.

La langue maternelle présente du point de vue de son acquisition une caractéristique majeure, c'est l'exposition forte. Le nombre d'éléments de langue auxquels l'enfant est confronté est important. Une autre caractéristique c'est un lien direct entre les situations d'acquisition et le matériau linguistique. Le matériau linguistique est un élément constituant des situations, et du point de vue du psycholinguiste, une caractéristique majeure de l'apprentissage de la langue maternelle, c'est que c'est un apprentissage très largement implicite. Il y a quelques situations où les parents conduisent l'enfant à repérer qu'un mot ressemble à un autre, mais c'est relativement restreint au regard de la quantité de matériel auquel l'enfant est confronté. Donc un apprentissage fortement implicite, fondé sur des mécanismes d'apprentissage tout à fait particuliers. L'apprentissage implicite a comme caractéristique de nécessiter une très forte exposition au matériau. Si on veut conduire un enfant à mettre en œuvre des mécanismes d'apprentissage qui relèvent des mêmes mécanismes que ceux de la langue maternelle, si on veut exploiter cette possibilité à propos d'une L2, on doit admettre l'idée qu'il faut à ce moment là permettre à l'enfant de mettre en œuvre des mécanismes d'apprentissage identiques, et il faut bien avoir à l'idée que ces mécanismes d'apprentissage sont fondés sur une situation extrêmement particulière : l'apprentissage d'une langue deux ne peut pas être fondé sur les mêmes mécanismes que ceux qui sont en jeu pour la langue maternelle.

Conclusion : L2 et langue maternelle

On trouve depuis quelques années dans la littérature énormément de travaux sur les liens entre langue étrangère et langue maternelle. Ce qui, d'un point de vue didactique ou d'un point de vue d'une politique pédagogique peut se comprendre. Est-ce que l'apprentissage précoce d'une langue est quelque chose d'utile par rapport au développement de la langue maternelle ? Est-ce que à l'inverse le niveau en langue maternelle peut avoir une conséquence sur la manière dont un enfant aborde une langue une langue étrangère? De nombreuses questions se posent, sur des choix pédagogiques qui peuvent être lourds de conséquences sur l'articulation des deux zones de compétence. Il y a des travaux qui tendent à montrer qu'il peut y avoir des inconvénients à apprendre une L2 tant que la langue maternelle n'est pas bien établie, ça effectivement, c'est un raisonnement que l'on peut comprendre et ça pose des questions sur l'introduction d'une langue deux à l'école élémentaire. Il y a des travaux en assez bon nombre qui montrent que l'apprentissage d'une L2 peut être un facteur favorable d'apprentissage de langue maternelle, notamment peut-être pour certains enfants en difficulté.

C'est une idée que partagent beaucoup d'enseignants à partir de leur expérience de terrain. Dans tous les cas, il y a beaucoup de travaux qui montrent qu'il existe au minimum une corrélation statistique entre des performances en L2 et des performances en langue natale. C'est un résultat dont il faut sans doute un peu se méfier : c'est l'idée que ceux qui sont bons sont bons partout et ceux qui sont mauvais sont mauvais partout. Mais il y a des résultats plus précis qui montrent que la corrélation au sens statistique est particulièrement forte entre, d'une part, les performances langue deux globales (compréhension, production, peu importe le critère) et d'autre part les performances en langue maternelle écrite (lecture). C'est là que la corrélation est la plus forte : avec l'écrit de la langue maternelle. On parle bien de L2 d'une manière générale, c'est-à-dire y compris à l'oral – ce n'est pas l'écrit en soi qui est en jeu. On peut montrer en fait que ce qui est en jeu dans les deux cas – L2 en général et écrit en langue maternelle – ce sont les compétences métalinguistiques, qui à la fois sont nécessaires à l'acquisition de ces compétences, et se trouvent aussi renforcées par les apprentissages scolaires réalisés – l'accès à l'écrit, ou l'apprentissage d'une L2. Ce lien mérite sans doute qu'on y prenne garde dans la conception des programmes et des progressions relatives à l'enseignement précoce des L2.

LES LANGUES VIVANTES A L'ECOLE PRIMAIRE

V. BOUYSSE, CHEF DU BUREAU DES ECOLES, DIRECTION DE L'ENSEIGNEMENT SCOLAIRE, MINISTERE DE L'EDUCATION NATIONALE.

Au moment où s'organise un enseignement de langues vivantes dans le cadre des programmes de l'école primaire qui seront arrêtés bientôt, il n'est pas inutile de préciser en introduction le contexte dans lequel s'inscrit cette décision.

Il convient d'abord de ne pas minimiser l'événement. L'introduction des langues vivantes à l'école comme une des disciplines dont l'enseignement devient obligatoire est significative d'un moment particulier, sinon d'un tournant, dans l'institution scolaire. En France, où le lien entre Ecole, nation et langue a toujours été fort depuis la Troisième République (« Ni classe en latin, ni école en patois : l'unification par l'enseignement public du français » proclame une circulaire de 1925 relative aux idiomes locaux), les langues vivantes n'ont jamais eu leur place à l'école primaire ; elles ont été présentes dans les classes élémentaires des lycées jusque dans les années 1930, à raison de 4 heures hebdomadaires dans les trois années précédant la classe de 6ème (notre cycle III d'aujourd'hui). Il y a une dimension politique et culturelle à la délimitation des contenus d'enseignement qu'il convient de ne pas négliger, et les justifications peuvent être variées aujourd'hui pour ce domaine des langues, qu'il s'agisse de l'ouverture européenne, des conceptions de l'enfance et de ses capacités, de la relativisation de la place des différentes disciplines, etc. Implanter un nouvel enseignement à l'école primaire constitue une décision importante au terme de trente années d'essais plus ou moins continus et de nombreux revirements, en particulier dans les douze dernières années.

Il convient aussi de ne pas ignorer ce qui existe au moment où commence une obligation amenée à se développer sur six années de la scolarité primaire. Des langues vivantes sont enseignées à l'école, dans le temps scolaire ou en différé, si les parents en font la demande dans le cas des langues régionales ou des langues et cultures d'origine. Ces enseignements concernent globalement moins de 300 000 élèves de l'école primaire. S'agissant des langues vivantes étrangères dont l'enseignement se généralise au cours moyen, il concernait en fin d'année scolaire 2000-2001 80 % des classes de cours moyen première et deuxième années confondues (96 % des CM2). L'anglais était enseigné dans 76 % de ces classes et l'allemand dans 19 % ; les enseignants du premier degré représentent 54 % des intervenants.

Cette extension entreprise de manière volontariste depuis deux années s'inscrit dans un plan de développement global des langues vivantes qui met en perspective l'apprentissage des langues vivantes tout au long du cursus scolaire. Il s'agit de conduire tous les jeunes à la maîtrise à niveau égal de deux

langues vivantes dans des situations de communication orale et écrite, à l'issue de la scolarité secondaire.
L'apprentissage débutera à terme en grande section d'école maternelle et deux langues seront étudiées dès la classe de 6ème, celle qui aura été apprise à l'école plus une autre. Alors sans doute faudra-t-il un autre profilage du curriculum en collège. Il est vraisemblable qu'il faudra envisager que les langues apprises soient l'objet d'une instrumentalisation, c'est-à-dire d'un réemploi dans des situations ordinaires de la classe, y compris dans les enseignements disciplinaires. Une variété des modalités et des parcours devra se développer, avec des enseignements renforcés plus nombreux qu'aujourd'hui (sections européennes ou internationales par exemple).
Ce développement s'inscrit dans un contexte de valorisation de la diversité des langues offertes : qu'il s'agisse des langues de l'Europe, des langues de France ou des langues des communautés immigrées, le système éducatif a vocation à promouvoir cette diversification, parce qu'elle peut répondre à une diversité de motivations personnelles et parce qu'elle reflète la richesse du patrimoine mondial linguistique et donc culturel qu'elle contribue ainsi à préserver.

Les projets de programmes

Avertissement : Au moment de cette université d'automne, les programmes sont encore à l'état de projet et font l'objet d'une vaste consultation. Légitimement, pour tenir compte des avis et analyses qui parviendront au ministère, les textes peuvent donc encore évoluer.

1- Une discipline à organiser à l'école

L'intégration des langues vivantes dans les programmes de l'école primaire constitue la première occasion de structurer un cursus de langues vivantes. L'ambition pour la fin de l'école est que les élèves accèdent au niveau A1 du Cadre européen commun de référence pour les langues publié par le Conseil de l'Europe et adapté à des enfants d'âge scolaire.
Même si les ressources ne sont pas toutes aujourd'hui au rendez-vous, il fallait donner un cahier des charges durable à cet enseignement pour que, justement, la formation puisse conforter et développer les ressources disponibles. En quelque sorte, il

fallait une lanterne pour éclairer le chemin ; avec les programmes, nous l'aurons.
Les langues vivantes sont intégrées au cursus, intégrées et non seulement ajoutées. Elles s'inscrivent dans l'architecture générale des programmes de chaque cycle à une place différente selon la « carte » disciplinaire du cycle. En grande section d'école maternelle, la découverte de la langue qui sera étudiée est intégrée au domaine intitulé Le langage au cœur des apprentissages. Au cycle des apprentissages fondamentaux (cycle II) où chaque domaine disciplinaire commence à s'esquisser, les langues vivantes sont « autonomes ». Au cycle des approfondissements (cycle III) où la culture scolaire primaire se densifie sur la base de la maîtrise des savoir-faire instrumentaux, les langues vivants concourent à un ensemble plus large qui s'intitule Education littéraire et humaine, aux côtés de la littérature et de l'étude de la langue française, de l'histoire et de la géographie. C'est un voisinage qui appelle des rencontres, des croisements.
Les langues vivantes vont avoir un véritable statut de discipline. De manière très simple, cela signifie :

- qu'elles sont dotées d'un horaire propre, non pris sur un autre champ disciplinaire qu'elles paraîtraient amputer ou limiter,
- qu'elles ont un programme, c'est-à-dire plus que des référentiels même si ceux-ci constituent une base à ne pas renier. Le programme va proposer, en plus des fonctions langagières à étudier, des indications sur les éléments linguistiques à maîtriser ainsi que des contenus culturels. Sur ces bases-là, des progressions devront être construites.
- qu'elles seront évaluées : comme pour les autres champs disciplinaires, des appréciations régulières sur les progrès, les acquis seront portées sur le livret scolaire. Par ailleurs, on prévoit d'ores et déjà une prochaine intégration aux évaluations nationales.

Pour analyser autrement la situation, si l'on emprunte à André Chervel la définition qu'il donne des disciplines scolaires, on perçoit mieux que la constitution en discipline des langues vivantes à l'école primaire devrait encore prendre quelque temps. Pour Chervel, une discipline scolaire se décrit à la fois

par des contenus, par des formes d'exercices (en fait tout ce qui permet de s'approprier les contenus), par des « pratiques d'incitation ou de motivation » et par un appareil docimologique.
Il faut le temps que tout cela se constitue, se stabilise, se transmette. Beaucoup de choses restent à créer mais ne rien faire ne nous ferait pas progresser. C'est dans la mise en œuvre, dans la mise à l'épreuve, que se fera la construction. Une discipline ne se structure que peu à peu ; la tradition secondaire de l'enseignement des langues vivantes ne peut être « plaquée » sur l'école primaire, par translation vers le bas en quelque sorte. Nous sommes à un commencement, nous devons avoir la modestie de le dire en même temps que la volonté d'avancer.

2. L'état actuel du projet

L'apprentissage débutera en grande section d'école maternelle. Cette classe constitue une phase particulière d'entrée dans la langue écrite ; l'introduction des langues vivantes va donc s'articuler avec des découvertes clés dans et sur la langue en français et elle peut y aider.
L'accent est mis sur :

- le développement des premières compétences orales par le biais de la mémorisation de comptines et de chansons,
- l'apprentissage des réalités phonologiques et accentuelles d'une autre langue,
- l'acquisition d'énoncés utiles à la vie de la classe,
- l'initiation à la réalité et à la culture des régions ou pays où la langue est parlée : il va de soi que cela devra correspondre à des thèmes d'intérêt pour des enfants de 5 ans.

Même si ce n'est pas explicite dans le texte des programmes, je voudrais mettre l'accent sur deux acquisitions importantes en GS en français, mais auxquelles les langues peuvent contribuer :

- l'attention aux réalités sonores renvoie à ce qui est absolument nécessaire pour accéder à la maîtrise de l'écrit en français : une attitude d'écoute analytique, qui doit permettre de découper le continuum sonore de l'oral en unités plus petites que les groupes de souffle (les mots, les syllabes, les phonèmes). Paradoxalement, le fait que le sens a priori « échappe » au jeune enfant auditeur dans une langue étrangère peut l'aider à se concentrer sur la forme, sur l'écoute du matériau sonore ; les acquis en LVE peuvent être d'un grand appoint en français. On peut espérer que l'entrée dans une autre langue aide à l'accès à la conscience phonologique (ou plus modestement à la sensibilité phonologique) ;

- la prise de conscience du processus de compréhension et des attitudes à avoir pour aborder un texte une histoire entendue : à l'école maternelle, la compréhension des textes passe par la lecture à haute voix du maître qui conduit ensuite un échange oral avec les élèves pour vérifier ce qu'ils ont compris, pour guider leur recherche et affiner leurs représentations en liant sens et forme qui devra être cultivée tout au long de la scolarité. Dans une langue autre que le français, cette attitude de recherche d'indices pour comprendre, pour prendre des repères doit devenir consciente aussi dès les débuts de l'apprentissage ; le soutien des albums de littérature de jeunesse dans lesquels la structuration en doubles pages texte/image peut grandement aider devra être recherché.

Au cycle II, dans la continuité de la grande section qui est enchâssée dans ce cycle aussi, ce sont les mêmes compétences qui sont valorisées. L'entrée dans la lecture va permettre aux élèves de découvrir eux-mêmes des éléments du programme des contenus culturels par la documentation qui sera mise à leur disposition. Les échanges oraux se densifient.

Au cycle III, l'accent est mis très délibérément sur les activités de communication. Dès cette période, les élèves doivent être encouragés à mettre leurs compétences naissantes à l'épreuve dans des situations de communication authentiques, dans les activités ritualisées de l'école, dans certaines disciplines quand le maître peut en continu tisser les liens, à l'occasion de sorties ou de classes de découverte, de correspondances scolaires par le biais des technologies modernes, dans des recherches de documents sur des sites ou bases de données dans la langue étudiée. Les élèves doivent être conduits à structurer des stratégies d'écoute efficaces, ce qui signifie qu'ils doivent pratiquer l'écoute active souvent et que des échanges presque « méthodologiques » - sans prétention - doivent les aider à repérer des critères d'efficacité.

La connaissance des faits de langue et du vocabulaire attendue à ce niveau doit être subordonnée aux besoins de la communication et non encouragée pour elle-même. Au cycle III, ce travail doit avoir des liens avec « l'observation réfléchie de la langue » en français ; la réflexion sur le lexique gagne à s'appuyer sur des séries de mots étrangers autant que français pour faire percevoir des régularités, des cohérences dans chaque langue et peut-être des parentés entre certaines langues ; les dénominations justes aident à fixer des distinctions pas toujours simples pour de jeunes enfants (par exemple, la nature des mots et leur fonction). Ce ne sont là que quelques exemples mais il y aura sans doute beaucoup de richesses à tirer d'un rapprochement des domaines linguistiques au programme de l'école.
Par ailleurs, l'affirmation de la dimension culturelle et internationale de cet enseignement au cycle III profite de ce que les capacités de lecture permettent d'accéder à une véritable approche documentaire et s'articule avec la véritable découverte des champs disciplinaires de l'histoire, de la géographie et avec le travail en littérature.

3. Des problèmes à résoudre dans le cadre propre à l'école primaire

Le premier concerne le statut de ce nouvel enseignement/apprentissage : c'est en fait presque un problème de contrat didactique.
Deux cas de figure existent aujourd'hui qui conduisent à se poser des questions un peu différentes.
Soit le maître de la classe assure l'enseignement de la langue vivante. Même dans ce cas, cet enseignement peut être en rupture (c'est le cas lorsque par exemple les enfants sont conduits à « répéter sans comprendre », attitude qui est par ailleurs assez nettement combattue) ou en continuité avec la pédagogie en vigueur dans la classe. Pour les élèves, qu'est-ce qu'apprendre une langue qui n'est pas la langue maternelle en classe ? Qu'est-ce que parler une langue ? La langue est souvent réduite, on le sait chez les enfants, au catalogue de mots. Il peut y avoir de réels malentendus pour les élèves, qui les amènent à ne pas savoir « diriger »leur attention dans ces séquences de langue si l'étrangeté de la situation (ce qui peut apparaître ainsi)

n'est pas explicitée avec eux. Pour reprendre une analyse du psychologue Vygotsky, en situation naturelle, l'idée précède le mot, l'expression ; en classe, dans les séances de langues vivantes, l'expression, le mot précède l'idée pour les élèves, la signification n'est pas apparente.

Soit un autre intervenant que le maître assure cet enseignement et alors, toutes les questions précédentes se posent mais, de plus, le positionnement des élèves est sans doute un peu différent selon que cet intervenant est un professeur du collège qu'ils sont susceptibles de retrouver l'année d'après ou un intervenant extérieur, considéré à l'égal d'autres intervenants, c'est-à-dire comme une personne plus proche de l'animateur que de l'enseignant. C'est le statut de ce qui s'apprend alors qui risque d'être opaque.

Dans tous les cas, l'enseignement ne sera réellement pris au sérieux que s'il mobilise des outils et des pratiques à l'identique des autres enseignements sérieux : il faut des « traces » des activités, des évaluations régulières, des « leçons » au sens de connaissances à mémoriser. Rien ne nous oblige à adopter des formes inadéquates bien sûr mais cela doit nous conduire à dépasser ce clivage sans doute maladroitement présenté entre le ludique et le structuré ; le structuré peut se passer de nomenclatures et de formalisme mais, à coup sûr, les approches ludiques ne sauraient durer six ans.

Le deuxième problème concerne la pédagogie de la communication orale. En français, l'oral ne constitue pas un domaine où la réflexion didactique a beaucoup avancé même s'il est en cours de revalorisation. Il va falloir réfléchir aux liens entre domaines linguistiques dans un cadre plus large que celui des langues vivantes étrangères ou régionales.

Une classe est très souvent ce que d'aucuns appellent pour les classes d'enfants de deux ans un groupe de « jumeaux », c'est-à-dire d'enfants dont les moyens d'expression linguistique et langagière sont assez proches. La place de « modèles de langage » est donc réduite puisque l'adulte seul apporte un réel supplément (et le temps d'exposition à la langue en est restreint singulièrement), les interactions spontanées entre pairs sont rares. C'est donc une situation très particulière de communication qu'orchestre le « maître de langue ». Et souvent, il la structure sous la forme de questions qui appellent des réponses qui clôturent l'échange et ne relancent pas une conversation. La nécessité d'un entraînement intensif à la prise de parole, pour passer du répétitif ou de l'imitatif au productif, suppose que l'on crée d'autres conditions de communication dans la classe et c'est une réelle expertise nouvelle à acquérir pour les maîtres.

Pour la formation des maîtres, il existe là des difficultés à ne pas négliger : la place de la langue, des langues dans le « triangle didactique » (Maître / Elève / Savoir) est particulière puisque la langue, l'activité langagière ne constituent pas seulement un pôle du triangle didactique (comme la géographie, par exemple, occupe le pôle Savoir). Elles sont (ou doivent devenir) constitutives des deux sujets que sont l'élève et l'enseignant ; objet et outil d'apprentissage, elles sont aussi plus que cela encore. Parler sa langue, une autre langue, c'est une affaire intime, l'affaire d'un sujet déjà inscrit dans des réseaux de communication, dans une biographie linguistique. Cela ne vaut pas que pour les élèves ; il convient que l'on s'en souvienne dans cette phase où nous devons convaincre des maîtres de « réapprendre » une langue vivante qu'ils ont cessé d'étudier et de parler depuis parfois longtemps, et qui les a en quelque sorte abandonnés.

Dans une université d'automne dédiée aux langues étrangères, c'est un point de vue de généraliste qui a été exposé ici ; volontairement, car il vise une formation globale des élèves dispensée par des maîtres polyvalents.

L'apprentissage des langues vivantes vaut en soi ; mais il a aussi un lien puissant avec les deux priorités de l'école primaire : la maîtrise de la langue nationale, dont la qualité en fin d'école primaire a une influence considérable sur le destin scolaire des élèves, et l'éducation civique. Il existe un lien évident entre ces deux domaines et avec l'apprentissage des langues en général : l'attitude par laquelle on suspend toute (ré)action pour se mettre à l'écoute de l'autre.

Les langues vivantes peuvent nous conduire à développer le respect pour la diversité par la compréhension de ce qui fait l'unité de l'homme, à fortifier la croyance dans un enrichissement par apports réciproques. L'apprentissage des langues y concourt en ouvrant sur des espaces de compréhension et d'expression plus larges. Articuler la différence - celle des formes d'expression - et l'identité - celle des problèmes humains, des sentiments -, c'est faire œuvre de culture dès l'école primaire.

REFLEXION SUR LA LANGUE ET ACTIVITE DANS LA LANGUE : PLAIDOYER POUR UN « PACS » DIDACTIQUE DES LES DEBUTS DE L'APPRENTISSAGE

LINE AUDIN, FORMATRICE, INRP, PARIS.

Conceptualisation, communication : frères ennemis, couple infernal, ... les relations qu'entretiennent ces deux courants ont toujours été vues comme conflictuelles, antagonistes. Considérée comme inutile voire néfaste d'abord par la révolution audio-visuelle dès les années soixante puis par les tenants d'un enseignement de type tout communicatif, la réflexion sur la langue n'a cependant jamais été totalement écartée des débats sur l'enseignement des langues étrangères. Elle a toujours figuré dans les objectifs des programmes de langues, même si elle n'y est pas prioritaire.
Réflexion métalinguistique (sur la langue), ou pratique intensive de la langue étrangère ? Dans les conditions qu'offre l'école faut-il choisir ? Avant de discuter ces questions je voudrais replacer très rapidement ce débat dans son cadre scientifique. En effet, derrière ces deux approches se profilent deux conceptions théoriques très différentes de l'apprentissage d'une langue qui ont des conséquences directes sur les choix didactiques qui en découlent.

Peut-on enseigner une langue étrangère ? Le point de vue de la science

D'un côté les tenants du point vue nativiste (innéiste) défendent avec Krashen la théorie selon laquelle, qu'il s'agisse de langue maternelle (LM) ou de langue étrangère, l'acquisition d'une langue est un processus naturel qui se passe de manière inconsciente pour peu que l'apprenant soit suffisamment exposé à la langue cible. Le rôle de l'enseignement se limiterait donc à créer des situations proches des situations d'acquisition naturelle où seule la langue étrangère est utilisée. L'apprenant placé dans ces conditions pourrait acquérir cette langue rapidement, naturellement, sans difficulté, et l'utiliser de façon spontanée. On voit immédiatement qu'une telle conception est irréconciliable avec des démarches réflexives, donc explicites, pouvant s'appuyer sur la LM, qui favorisent la prise de conscience.

Dans les théories constructivistes en revanche, on postule que l'apprentissage de la langue, comme d'autres apprentissages, repose sur des activités mentales de type création et vérification d'hypothèses, démarches d'essais/erreurs ou d'essais/succès... Dans cette perspective, on peut avancer que rendre conscients ces processus de construction et vérification d'hypothèses peut optimiser l'apprentissage. Loin d'être bannie, la langue maternelle est alors considérée comme un élément positif pour l'apprentissage de la langue étrangère : la connaissance que l'on possède du fonctionnement de sa propre langue peut faciliter l'apprentissage d'une autre.

Qui a raison ? Pour l'instant, le débat reste ouvert. Aucune de ces théories n'est prouvée. Faut-il pour autant les ignorer ? Je ne le crois pas car, frottées à l'expérience du terrain, elles ont le mérite d'orienter, d'alimenter la réflexion sur nos pratiques d'enseignants, de formateurs, de chercheurs, de renforcer ou de mettre en question certaines de nos convictions, d'ouvrir de nouvelles pistes.

Les recherches INRP : deux points de vue didactiques, l'un descriptif, l'autre prospectif

Aujourd'hui, c'est un point de vue essentiellement didactique que j'apporte, point de vue nourri des recherches conduites à l'INRP dans le domaine des langues vivantes et directement en prise sur ces questions théoriques. Quelles soient descriptives ou prospectives, nos recherches s'intéressent avant tout aux processus d'apprentissage et, dans ce domaine, visent tout particulièrement la mise en lumière des obstacles et des "zones de résistance" à l'apprentissage (expression empruntée à Albane Cain).

Les recherches que je vais évoquer recouvrent les deux notions que j'aborde aujourd'hui : d'une part j'évoquerai des recherches descriptives dont les résultats nous permettent de dresser un premier bilan des pratiques communicatives telles qu'elles sont largement répandues en classe de CM ; d'autre part je m'appuierai sur des recherches plus prospectives qui visent à élaborer et expérimenter des démarches innovantes intégrant la dimension conceptuelle dans l'apprentissage d'une langue.

Recherches descriptives

Une partie des recherches initiées et dirigées pendant longtemps par C. Luc s'intéresse depuis de nombreuses années à l'introduction des LV à l'école primaire (CE1 au CM2) et cherche à comprendre les mécanismes à l'œuvre à partir du recueil et du croisement de données issues du terrain.

Le cours de langue à l'école : le choix du communicatif et ses effets sur l'apprentissage.

Le cours de langue, tel que nous avons pu l'observer en cycle 3, repose sur la simulation d'un environnement de vie où se parle une autre langue. Il repose donc essentiellement sur une pratique de la langue. La classe de langue fournit les situations propices à susciter l'évocation d'un besoin langagier ainsi que les moyens linguistiques d'y répondre. Les contenus qui font l'objet d'un enseignement (cf référentiel) ont été choisis en fonction de leur utilité sociale et de leur adéquation à l'âge des élèves : apprendre à dire « ce qui se dit » en telle ou telle occasion de la vie en société (se saluer, se présenter, remercier, s'excuser, etc.), apprendre à exprimer (et comprendre) en langue étrangère besoins et émotions de base, tout cela en proposant des situations de classe susceptibles de motiver les élèves. Tout concourt à susciter l'activité de l'élève, car c'est bien cette activité personnelle, individuelle, qui est recherchée par les méthodes notionnelles-fonctionnelles qui font de la communication leur ressort principal.

Ces méthodes communicatives ont le grand mérite d'impliquer l'élève par l'intermédiaire de jeux, la simulation de situations de communication réelles dans lesquelles l'enfant est actif. C'est grâce à cette implication qu'il mémorise et s'approprie le modèle linguistique qui lui a été proposé. Lorsqu'une situation identique se présente, le savoir-faire qu'il a alors acquis lui permet de puiser l'énoncé dont il a besoin dans le stock qu'il s'est constitué.

À l'école primaire c'est ce modèle de juxtaposition de savoir-faire qui fonde les savoirs en langue. Fortement recommandées par les textes officiels et couramment pratiquées, ces approches communicatives ont-elles des effets réellement positifs et constituent-elles un puissant facteur de développement des apprentissages ultérieurs ?
Pour tenter de répondre à cette question, notre équipe de recherche avait mis en place en 1998 un suivi de l'introduction des LV au CM2. Ce dispositif concernait quatre langues : l'allemand, l'anglais, l'espagnol et l'italien. Notre approche se voulait essentiellement qualitative et fortement ancrée dans les phénomènes d'ordre didactique comme les savoirs/savoir-faire en jeu et la construction des connaissances.

Bilan du suivi CM2 : 2 constats paradoxaux

Nos conclusions font apparaître des résultats paradoxaux : d'un côté, des constats très positifs sur la qualité des séances, l'implication des enseignants, le plaisir des élèves, l'accent mis sur la langue étrangère, et pourtant ... les acquis proprement langagiers des élèves sont minimes, atomisés : mots isolés, expressions bloquées qu'ils savent reconnaître et utiliser dans un nombre extrêmement réduit de situations, pas de transfert, pas de production, essentiellement de la répétition immédiate ou différée.
Au-delà de la juxtaposition de savoir-faire isolés, qu'en est-il des connaissances linguistiques implicites et pourtant nécessaires pour communiquer ? « Savoir donner son âge » ne permet pas de vérifier que l'élève a identifié dans cette expression le marqueur de première personne (équivalent de « je ») de façon à pouvoir le réutiliser dans tous les énoncés où celui qui parle veut parler de lui-même. C'est une situation très fréquente et donc un savoir indispensable dès le début.
Afin de tenter d'évaluer ce type de compétences, nous avons mis au point une évaluation pour l'anglais qui portait sur d'autres domaines que ceux auxquels on s'attache habituellement (et qui relèvent essentiellement du lexique, des compétences de communications, ou de la compréhension orale, ...). Ces connaissances que l'on souhaitait tester n'apparaissent pas en tant que telles dans les référentiels. Ce sont des connaissances qu'on n'enseigne pas, qu'on suppose

implicites, inconscientes, mais elles sont pourtant indispensables à l'apprentissage : il s'agit par exemple de la capacité à segmenter un énoncé oral, à identifier des éléments autres que lexicaux à sens plein, à repérer le mode d'adresse, à repérer de qui, de quoi l'on parle,...

Le dépouillement de cette évaluation hors norme est en cours mais les premiers résultats tendent à confirmer les constats issus des observations : peu d'acquis structurés, pas de stratégies mises en œuvre pour résoudre le problème posé. Même sur des énoncés déjà entendus et reconnus, les élèves ont de grandes difficultés à répondre aux questions (savoir de qui on parle, identification du découpage en mots, savoir si on donne un ordre ...). A fortiori, lorsqu'il s'agit d'énoncés entendus pour la première fois : même si tous les éléments de cet énoncé ont été rencontrés dans d'autres énoncés, l'élève ne semble disposer d'aucun moyen pour en tirer parti et en comprendre le sens.

Indispensable pour développer des savoir-faire relatifs aux compétences de communication, la pratique de la langue en milieu scolaire ne semble pas suffire à elle seule à assurer un apprentissage réussi et cohérent de la langue étrangère.

Facteurs en cause

À l'évidence, les conditions mêmes faites à l'enseignement des LV à l'école élémentaire, sont en cause. L'école ne présente pas du tout les mêmes caractéristiques qu'un milieu naturel. Elle ne peut fournir l'équivalent d'un environnement de vie où se parle une autre langue, avec toute la richesse des situations auxquelles est confronté un enfant qui change d'environnement linguistique. Elle ne peut lui fournir les repères extralinguistiques présents en milieu naturel. Parce que l'école est soumise à des contraintes très fortes (durée insuffisante de l'exposition à la langue étrangère, cadre collectif, absence d'enjeux importants, implication affective limitée,...) les situations proposées n'ont pas l'impact et l'efficacité du vécu.

Mais, ces facteurs institutionnels, observables qui pèsent très lourd dans le bilan ne sont pas seuls en cause. Les travaux psycholinguistiques récents soulignant l'importance des représentations dans la construction des connaissances. Or, à l'analyse détaillée des transcriptions de séances, des contenus et des démarches d'enseignement, d'autres facteurs ont émergé,

qui relèvent davantage des représentations sur la langue et l'activité langagière (conçues essentiellement comme un catalogue de mots ou d'expressions à apprendre), sur l'apprentissage (conçu davantage comme un cumul, un empilement de connaissances), sur l'enseignement (conçu comme une juxtaposition de contenus et une succession d'activités).
On sait à quel point les représentations sont peu susceptibles de se modifier rapidement. Elles ne peuvent céder que peu à peu, face à des constats répétés mettant en lumière leur non pertinence.
Lorsqu'on adopte cette attitude méthodologique, on s'aperçoit que ce qui fait souvent défaut tant du côté de l'élève que de celui de l'enseignant, c'est une représentation juste du fonctionnement de la langue étrangère, dans sa spécificité par rapport à celui de la langue maternelle.

Langue maternelle et langue étrangère

Les travaux récents reprennent sous un jour nouveau la question si controversée des rapports entre langue maternelle et langue étrangère. Il semble indéniable maintenant que, notamment dans les efforts d'expression à titre personnel, la langue maternelle, soit vraiment le seul élément de repérage dont le débutant dispose et qu'elle joue un rôle essentiel. Quand un enfant (ou plus généralement un débutant, quel que soit son âge) veut dire quelque chose qu'il n'a pas mémorisé globalement, c'est à dire construire un énoncé personnel, c'est presque toujours la structure du français, qui au-delà de la transposition lexicale (mot à mot le plus souvent), lui sert de guide.
Que se passe-t-il, en effet, quand un enfant, en cours d'apprentissage, cherche à dire en langue étrangère quelque chose de personnel ? L'examen de productions d'élèves montre qu'il existe essentiellement quatre possibilités.
1- Si la situation est très stéréotypée, l'enfant a généralement à sa disposition la formulation qui convient : « My name's X », « What's the weather like? ». Il lui suffit de puiser dans le stock limité, mais immédiatement mobilisable, des formules toute faites que l'approche communicative lui a permis de se constituer. Dans ce cas, la mise en correspondance entre son

« intention de signifier » et l'expression de cette intention est réussie.
Si, au contraire, la situation correspond à du « jamais vu » - ce qui est bien entendu le cas le plus fréquent - l'enfant ne peut reprendre une phrase mémorisée globalement. Il doit construire un énoncé adéquat à la situation et à ce qu'il veut dire.
2- Il peut se contenter de juxtaposer les mots qu'il juge importants (*What colour pullover?, *dog black, par exemple). Il privilégie de ce fait les items lexicaux au détriment des « petits » éléments grammaticaux (mots généralement très courts, rarement accentués à l'oral et qui vont même jusqu'à disparaître complètement de la chaîne sonore).
Cependant au niveau où nous nous plaçons (enfants d'environ 10 ans), une autre procédure est fréquemment utilisée : la trame de l'énoncé en langue étrangère est calquée sur celle de la langue maternelle. Deux cas peuvent alors se présenter :
3- ou bien ce modèle est commun à la langue maternelle et à la langue étrangère et, loin d'entraîner des erreurs, il constitue une aide précieuse et sûre à l'apprentissage. Dans ce cas, l'énoncé est correctement construit, l'essai est réussi (exemples : He's in the garden ou Come here!, the car is red). C'est heureusement un cas fréquent pour deux langues telles que le français et l'anglais ;
4- ou bien ce modèle n'est pas commun aux deux langues et c'est l'échec : « Tu m'aimes ? » = *You me love?
De là, la difficulté à comprendre que deux langues puissent parler de la même chose en utilisant l'une le pluriel, l'autre le singulier (mes cheveux/my hair)
De là les erreurs de type bus stop, c'est un bus qui stoppe...a telephone card = un téléphone à carte... (tant en compréhension qu'en production).
L'enfant éprouve alors un sentiment d'arbitraire, générateur d'insécurité, voire de blocages qui peuvent compromettre son apprentissage ultérieur. Comment pourrait-il s'y retrouver ? En suivant la même procédure, conforme à celle qu'il emploie en permanence en français, sans même en avoir conscience, il aboutit à deux résultats opposés.

Conclusion

Il importe donc que les premiers contacts avec la langue étrangère, dès les premières tentatives de construction d'énoncés ou de construction de sens à partir d'un énoncé perçu, l'élève sache quand il peut se fier au fonctionnement de sa langue maternelle, et quand, au contraire, il doit s'en défier et s'approprier un autre modèle.

Nous sommes bien loin de l'idée qu'apprendre une langue étrangère à l'école, c'est facile et naturel. Les opérations mentales nouvelles avec lesquelles il faut se familiariser sont très complexes : elles impliquent toute une déstructuration / restructuration d'automatismes dans les relations pensée/parole qui ont été construites et utilisées dès l'enfance en fonction de la seule langue maternelle (dans le cas d'un environnement monolingue, bien entendu).

Recherches prospectives

Ces constats nous ont conduits à développer très tôt (dès les années 88-90) des recherches portant sur la nécessité d'une armature conceptuelle qui traite de la relation entre les deux langues. Nous n'avions pas les forces pour mener conjointement ce type de recherches dans plusieurs langues. Nous avons retenu l'anglais pour des raisons d'ordre conjoncturel et pratique.

Des contenus d'enseignement destinés à transformer les représentations

Comment aider l'enfant à découvrir comment s'organise cette nouvelle langue qu'il aborde, lui fournir les moyens de s'approprier peu à peu ce fonctionnement et le familiariser avec des opérations mentales nouvelles pour lui ? D'autres que nous bien entendu, en particulier tout le courant d'» éveil aux langues », d'» éducation aux langues et aux cultures », se penchent sur cette question et proposent des approches innovantes très séduisantes. Notre originalité réside sans doute dans la priorité que nous avons adoptée : proposer, pour une langue donnée, des contenus d'enseignement complémentaires des savoir-faire immédiats à se constituer en langue étrangère (compétences de communication) mais directement et indissociablement liés à ces savoir-faire, en vue d'agir sur les représentations des élèves pour faciliter la structuration des connaissances à moyen et à long termes.

Objectifs immédiats et à plus long terme

Nos objectifs relèvent de deux préoccupations majeures : construire tout de suite des savoirs solides dans la langue étrangère mais aussi viser sur le long terme des représentations plus justes de l'activité langagière.

Objectifs linguistiques

- structurer les acquis constitués grâce aux approches communicatives et mémorisés de façon globale,
- développer la capacité à générer des énoncés et non à simplement les répéter,
- contribuer à lever les obstacles propres au fonctionnement spécifique d'une langue donnée pour un francophone en mettant en lumière les contraintes propres à chaque système linguistique

Objectifs plus généraux

- mettre en place un corps de concepts généraux, susceptibles de faciliter l'apprentissage de toute langue quelle qu'elle soit.
- favoriser le développement de capacités transversales, de modes de pensée nouveaux et contribuer à une structuration mentale dont la portée va bien au-delà du seul domaine des langues.

Contenus-obstacles

Nos travaux ont été fortement influencés par la centration de toute une partie de la recherche en didactique, en particulier dans les disciplines scientifiques, sur la notion de contenus-obstacles et d'objectifs-obstacles, reposant sur une double prise de conscience : celle de l'hétérogénéité des contenus à transmettre au sein d'un curriculum et celle de la nécessité pour l'enseignant de traiter différemment ces contenus selon leur nature.

Nous avons en particulier réfléchi à la différence entre obstacle épistémologique lié à la langue étrangère, qui en fait partie et de ce fait est incontournable, et obstacle didactique, qui est le

résultat de décisions didactiques malencontreuses ou simplement maladroites ou insuffisamment éclairées.
Nous avons donc mené un travail visant l'identification et la prise en compte de "contenus-obstacles" spécifiques, bien déterminés, qui " résistent " aux seules approches de type communicatif et doivent, de ce fait, être connus des enseignants. Notre attention s'est portée tout particulièrement en anglais sur les points qui sont abordés dès le début et qui constituent pourtant des obstacles avérés, sources d'échec, de retard ou de confusion dans l'apprentissage, et que la pratique seule ne permet pas de surmonter. Nous parlons bien de la capacité à construire des énoncés - et à construire du sens à partir d'énoncés perçus - et non à seulement identifier et mémoriser globalement et à répéter.
Nous avons ainsi été conduits à travailler tout particulièrement (mais non exclusivement) les « faits de langue » où le fonctionnement de la langue cible s'écarte de celui de la langue maternelle et où une représentation en calque des langues les unes par rapport aux autres est particulièrement génératrice d'échec. Les contenus choisis ont tous fait l'objet d'une expérimentation dans des classes de CM1/CM2 ou 6ème :

- jours de la semaine
- nombres
- identification et appropriation de « I » / « you »
- pronoms personnels de 3ème personne et catégorie du genre
- questionnement
- localisation
- détermination nominale
- être et avoir
- les deux présents

Ces points, rappelons-le, n'ont pas été choisis au hasard :

- ils appartiennent tous au programme de 6ème
- ils constituent des faits de langue importants
- ils constituent un obstacle avéré dont la source est le plus souvent l'éloignement par rapport au français
- ils permettent d'illustrer des concepts de portée générale

Vers des représentations plus justes de l'activité langagière
Dans ce type de démarche les objectifs de l'enseignant se situent au croisement de savoirs linguistiques précis dans une langue donnée (ici l'anglais) et de savoirs sur l'activité langagière (concepts). Les concepts abordés sont en nombre limité. Ce sont ceux qui, à la lumière de l'expérience d'une part, de travaux et d'enquêtes d'autre part, se sont avérés encore mal maîtrisés à ce stade. Les plus importants sont les suivants :

- Une langue est un système

Le travail sur les séries finies telles que les jours de la semaine (découvertes des régularités d'une langue à l'autre), ou non finies comme les nombres (repérage des régularités et ruptures) se prête bien à mettre en valeur l'existence de mini-systèmes.

- Langue et réalité ne se recouvrent pas

Les pronoms personnels de 3ème personne et la catégorie du genre, la détermination nominale, l'expression de la quantité sont autant d'illustrations du rapport langue/réalité : selon les langues il donne lieu à des catégorisations différentes. La catégorisation qu'opère le français sur la perception de la réalité (par exemple, la catégorisation des noms en masculin-féminin et même en singulier et pluriel) n'est pas universelle. Pourquoi le mot « cheveux » est-il dénombrable alors que son équivalent en anglais « hair », ne l'est pas ? Ce qui est en cause c'est la façon dont chaque langue organise, "découpe" le monde qui nous entoure : les Anglais considèrent la chevelure comme un tout, alors que nous nous attachons à la pluralité des cheveux.

- Une langue n'est pas la reproduction en calque de l'autre, calque dans lequel les mots d'une langue donnée auraient leur exact équivalent d'ordre sémantique dans l'autre langue, et les énoncés leurs exacts homologues avec le même nombre de mots, le même agencement syntaxique et les mêmes marques pour exprimer le multiple ou le repérage dans le temps.

Comment les apports de détermination se réalisent-ils en anglais et en français ? En anglais dans le cas des groupes nominaux en plusieurs éléments, l'élément essentiel est à la fin, alors que le français place en premier ce qui est principalement en cause : a bus stop c'est avant tout un lieu (où le bus s'arrête), de même que a telephone card, c'est avant tout une carte qui permet de téléphoner.

Pourquoi dit-on « j'ai dix ans » en français et I'm ten en anglais ? " Etre " et " avoir" d'une langue à l'autre, sont source de nombreuses confusions. Rien de surprenant si l'on fait apparaître que les deux verbes expriment fondamentalement la même valeur. Comprendre la logique interne de chaque langue sur ce point peut aider au choix de l'une ou l'autre forme dans la langue étrangère.

- Il n'y a pas de rapport bi-univoque entre marqueurs (formes) et valeurs (sens) : le caractère relatif de chaque langue apparaît par exemple, dans la polysémie de tel ou tel mot ou marque ('s en anglais) ou dans la diversité des moyens qu'emploient les langues pour assurer une même fonction : le questionnement, le présent en français qui permet de parler non seulement d'une action en cours, mais aussi passée, future, ou hors du temps. Cette prise de conscience préalable de la diversité des moyens qu'emploient les langues pour assurer une même fonction peut faciliter la compréhension des deux présents en anglais.
- Le français n'est pas la référence universelle, comme le croient non seulement les enfants, mais bien des adultes. Il faut savoir quand on peut s'y fier - eu égard à la proximité du fonctionnement des deux langues considérées dans certains domaines - et quand on doit s'en défier - du fait de leur éloignement dans d'autres domaines,
- il en découle entre autres que les rapports phonie/graphie varient selon les langues,
- Apprendre une langue, ce n'est pas apprendre une collection de mots, même si la connaissance lexicale se trouve nécessairement à la base de toute entrée dans une langue inconnue. Une réflexion sur les différents paramètres de la situation de communication peut aider à l'identification et l'appropriation des marqueurs de 1ère et 2ème personnes en langue étrangère : la présence des deux énonciateurs qui se traduit dans la langue par l'alternance "je / tu" pose de sérieux problèmes en début d'apprentissage du fait de l'instabilité de la référence dans le dialogue, (chacun disant " je " à son tour lorsqu'il prend la parole et parle de lui).

Démarche pédagogique

L'enseignant doit garder ces concepts constamment présents à l'esprit, non pas pour faire un discours abstrait aux élèves, mais pour identifier les obstacles qu'ils risquent de rencontrer, organiser ses contenus d'enseignement et construire les démarches qui les accompagnent.

C'est ainsi qu'il peut choisir à certains moments, sur des points précis, d'adopter une approche plus réflexive, parce qu'il la juge plus apte à mettre en lumière la fonctionnement de la langue étrangère dans sa spécificité par rapport au français. Il ne s'agit en aucun cas d'une méthodologie dont le côté systématique irait à l'encontre d'une pratique réflexive, mais plutôt d'une démarche, fondée sur la participation active des élèves, tantôt collective tantôt individuelle, visant la construction de connaissances précises.

Méthodes "communicatives" / approche conceptuelle : une complémentarité nécessaire

Les activités pédagogiques intégrant une attitude réflexive ne sont jamais disjointes de la pratique de la langue étrangère : la réflexion s'exerce souvent sur des "faits de langue" connus, mais mal ou incomplètement maîtrisés ; elle s'articule sur un entraînement, une pratique intensive de la langue en situation (sur le point envisagé) : ce travail d'appropriation reste, en fin de compte, le but de la séquence.

UN OUTIL D'ENSEIGNEMENT-APPRENTISSAGE POUR L'ENSEMBLE DU CYCLE 3 : ETAT DES REFLEXIONS D'UNE EQUIPE.

Eric Perrotel, coordonnateur départemental langues vivantes (inspection académique du Calvados) et Jacki Leclancher, formateur, IUFM de Basse Normandie

Un outil pour donner du sens aux apprentissages

Cet atelier avait pour but de présenter le travail d'une équipe du Calvados, constituée de formateurs à l'IUFM de Basse Normandie et des maîtres ressources en langues vivantes. Amorcé en 2001, l'outil en cours d'élaboration propose une mise en place de compétences de communication en langue étrangère à partir d'une série de projets qui intègrent des dimensions culturelles et interdisciplinaires. Cet outil permettrait une harmonisation des approches didactiques et pédagogiques lors des actions de formation initiale et continue et serait aussi un support au travail dans la classe. Il cherche à répondre aux indications des nouveaux programmes (BO HS1 du 14 février 2002) : « Au cycle 3, cet enseignement vise l'acquisition de compétences assurées permettant l'usage efficace d'une langue autre que la langue française dans un nombre limité de situations de communication adaptées à un jeune enfant. Chaque séquence de langue repose sur des situations et des activités ayant du sens pour les élèves, suscitant leur participation active, favorisant les interactions et l'entraide dans le groupe et développant l'écoute mutuelle ». L'ambition est d'aller plus loin dans la préoccupation que l'on a de « donner du sens aux apprentissages » suite aux constats faits sur le terrain d'activités de langue parfois gratuites qui sous-tendent un enchaînement de fonctions organisé ou non en séquences.

Un outil pour structurer le temps d'apprentissage

Les projets font l'objet d'une réalisation finale, temps fort qui complète, ou représente à lui seul, l'évaluation sommative des apprentissages. La succession des projets se répartit sur l'ensemble du cycle 3 en respectant les périodes délimitées par les congés scolaires. Il y aurait ainsi cinq ou six projets possibles par année scolaire, dits « projets à moyen terme ».

Chaque projet à moyen terme trouverait sa cohérence par sa nouveauté après une période de vacances, incitatrice à un nouveau départ, et par sa réalisation finale avant la coupure et la respiration que représentent les vacances dans la continuité de l'année scolaire (voir annexe 1).
Chaque projet à moyen terme se décline en deux ou trois mini-projets plus délimités et plus ciblés qui vont ensemble permettre la réalisation finale du projet à moyen terme. Chaque mini-projet se décline en une séquence d'apprentissage qui répond à des objectifs linguistiques, culturels et intellectuels. Une séquence représente entre quatre et six séances de langue avec des activités interdisciplinaires qui peuvent éventuellement relever, dans l'emploi du temps hebdomadaire, d'une autre discipline. Un même projet à moyen terme pourrait se retrouver à différents niveaux du cycle avec des ambitions, des prolongements et exploitations évolutifs.
L'équipe qui travaille à l'élaboration de notre outil académique a déjà retenu plusieurs projets à moyen terme : « Rencontre avec un autochtone », « Et si l'on faisait la fête », « Reportage sur mon lieu de vie », « Grand jeu ».

Exemple d'un projet à moyen terme

Le projet de rencontre avec un autochtone (annexes 2 et 3) est certainement un projet clé : il est proposé de le réaliser deux fois par année scolaire, avec des interlocuteurs différents. On fera appel à des étrangers résidant dans la proximité de l'école, des parents d'élèves étrangers, des assistants des écoles primaires, collèges et lycées environnants, par le biais des comités de jumelage...
Chaque nouvelle rencontre est un temps fort de rebrassage des compétences linguistiques acquises non seulement dans les séquences qui constituent la préparation de la rencontre mais aussi de celles mises en place lors d'autres projets. Lors de l'élaboration du projet avec les élèves, les besoins d'apprentissages sont anticipés pour donner une coloration particulière à la rencontre afin que chacune soit originale.
La première des rencontres est proposée assez tôt dans l'apprentissage car il est urgent que l'élève puisse se construire des représentations mentales de l'échange avec autrui dans la langue cible. Il mesurera ainsi mieux la mesure de l'effort à

fournir pour acquérir les moyens linguistiques nécessaires à des échanges plus élaborés. Ainsi, l'élève deviendra également très vite demandeur d'éléments langagiers afin de pouvoir mener un échange qui corresponde mieux à ses attentes et sa curiosité. Il pourra à la fois utiliser authentiquement ses compétences acquises d'expression et compréhension et en même temps en mesurer très vite les limites; chaque nouvelle rencontre permet de constater que les limites sont repoussées un peu plus loin et habitue un peu plus l'élève à l'idée d'accepter de ne pas tout comprendre dans les échanges.

Un outil support de rebrassages et d'une progression

Le premier projet devrait amener l'élève à savoir échanger des civilités, demander et donner des informations concernant l'identité, l'âge, le lieu de vie et les activités préférées, par exemple.

Lors de la rencontre avec un deuxième anglophone au second trimestre, on réinvestira de plus les nouvelles compétences acquises telles sa capacité à présenter son lieu de vie, demander des informations à l'invité...

A chaque nouvelle rencontre, il y a donc possibilité de réinvestir des acquisitions faites au cours des différents projets, ce qui ouvre peu à peu un espace personnel de compréhension et d'expression pour chaque élève; certains réinvestiront majoritairement des acquis récents, d'autres plutôt des acquis maintes fois rebrassés, rencontrés en début d'apprentissages; d'autres encore combineront les deux, au plus près de leur désirs d'échanges.

Même s'il est essentiel d'axer chaque nouvelle rencontre sur un thème particulier pour éviter la sensation de la revivre à l'identique de la précédente, la fréquence de ces situations d'échanges participe de la mise en place d'un nouvel univers de représentations.

En terme de progression sur les trois niveaux du cycle trois, « Savoir présenter son lieu de vie » prendra comme support au niveau 1 la présentation de sa maison, puis au niveau 2, celle d'un lieu plus étendu, « mon école », et enfin « mon quartier ». Les compétences mises en place dans ces trois projets à trois niveaux différents se veulent en même temps complémentaires et cumulables. Les déictiques et les premiers éléments de localisation vont se trouver rebrassés et enrichis au deuxième niveau puis au troisième avec un lexique spécifique nouveau; lors de nouvelles rencontres avec de nouveaux invités, le besoin de s'exprimer, de demander des informations mettra en jeu les acquisitions combinées ou individualisées des projets antérieurs.

Compte rendu des échanges

Les compétences développées

Comme dans le cadre du portfolio européen, on vise la compréhension et l'expression orales, la compréhension et l'expression écrites mais aussi l'interaction orale.

Choix des intitulés de projets à moyen terme

Ce choix est appelé à évoluer et s'enrichir. La pertinence de la proposition de présenter son lieu de vie, et en particulier sa maison, ne parait pas adaptable à tous les publics dans toutes les écoles. Cette proposition est issue de pratiques repérées localement par les membres de l'équipe de travail et constitue par conséquent une entrée intéressante. La multiplication des propositions de projets aboutira à un éventail de choix possibles.

Place des séquences et séances d'apprentissage dans cette approche

Les projets à moyen terme s'inscrivant dans des périodes de l'ordre de six à huit semaines, leur découpage est nécessaire pour que les apprentissages soient identifiés et construits par périodes courtes, dans une proximité temporelle. Les éléments constitutifs sont eux mêmes dans leur conception des projets de moindre ambition qui se déclinent en termes d'organisation du travail en séquences, elles mêmes composées en moyenne de six séances.

Place des supports de travail devenus familiers tels comptines, albums, jeux...

Ils trouvent leur place dans les activités qui constituent les séquences. Par contre une vigilance particulière semble nécessaire pour s'assurer que les activités proposées restent en adéquation avec l'âge et la maturité intellectuelle des élèves de façon à éviter l'infantilisation systématique. Un apprentissage sur trois ans permet déjà de mettre par exemple davantage l'accent sur les comptines en début d'apprentissage plutôt qu'en CM2....

Place des apports culturels
Ils sont intégrés autant au niveau des mini-projets que des projets à moyen terme. Les séquences mises en oeuvre répondent à un triple objectif : linguistique, culturel et intellectuel. Les apports culturels sont eux aussi supports d'activités interdisciplinaires.

Place de l'écrit
L'écrit en langue étrangère est présent dès le début du cycle 3, ne serait-ce que sous forme de collage de supports dans le cahier personnel de l'élève. Des travaux de découpage aux ciseaux de parties d'énoncés seront peu à peu introduits pour des collages dans le cahier afin permettre à l'élève d'entrer pleinement dans la segmentation vers de nouvelles combinatoires.
La place de l'écrit, qui nécessite plus de réflexion, ne sera jamais négligée tant le passage à l'écrit semble incontournable pour des progrès effectifs et durables.

L'évaluation
La réalisation d'un projet est en soi un moment global d'évaluation. Cependant des activités ciblées seront proposées pour affiner l'évaluation sommative ainsi que des évaluations intermédiaires en cours et fin de séquences.

Lien avec le projet d'école
La cohérence des projets successifs de langue sera d'autant plus forte qu'elle s'inscrira dans un projet de classe qui lui même s'intègrerait au projet d'école. Est cité en exemple le projet d'accueillir et / ou de rendre visite à ses correspondants qui est assez ambitieux pour fédérer l'ensemble des projets de l'année scolaire et en même temps constituer un élément clé d'une approche concertée et d'une appropriation par l'école des

instructions officielles concernant l'apprentissage d'une langue étrangère.

Lien avec le collège

Les projets doivent permettre aussi de mettre en oeuvre les éléments de langue qui figurent dans le dernier référentiel du BO HS n°4 qui constitue également une référence pour les professeurs de 6è.

Pensé en terme de progression au niveau de l'ensemble du cycle 3, cet outil a pour ambition de devenir un cadre à l'apprentissage dans lequel le maître de la classe pourra s'inscrire tout en gardant un large choix d'adaptation et personnalisation des projets, des contenus linguistiques et interdisciplinaires. Il se différencierait ainsi des propositions faites dans les manuels et pourrait une fois terminé, être utilisé au cours des actions de formations initiale et continue. A terme, il sera mis en ligne sur le site académique.

Dès sa mise en place, il aura également vocation à être utilisé dans les stages de formation continue destiné aux professeurs de collège : en effet, la qualité de la liaison école/collège passe avant tout par la connaissance réciproque des objectifs pédagogiques, des pratiques, des activités menées...

L'intégration des intervenants

L'approche de l'apprentissage par projets induit largement des activités interdisciplinaires et le maître de la classe est effectivement l'intervenant de langue privilégié pour développer de telles pratiques. Le nombre des intervenants extérieurs restant très important dans certains départements, une concertation suivie et un travail en commun entre maîtres et intervenants peuvent seuls permettre de compenser les effets d'une situation qui se révèle être un réel handicap à l'intégration de l'apprentissage d'une langue dans le projet de la classe ou de l'école. Cette difficulté est souvent signalée par les assistants, les personnels itinérants et les maîtres des classes eux mêmes.

Annexe 1

Des projets au cycle 3

Niveau 1

Projet à Moyen Terme 1		Projet à Moyen Terme 2		Projet à Moyen Terme 3		Projet à Moyen Terme 4		Projet à Moyen Terme 5
Rencontre avec un anglo phone 1		« Et si on faisait la fête ? » un anniver-saire dans la classe		Savoir présenter un lieu de vie : ma maison		rencontre avec un anglophon e 2		organiser un jeu de piste 1

Niveau 2

Projet à Moyen Terme 1		Projet à Moyen Terme 2	vacances	Projet à Moyen Terme 3	vacances	Projet à Moyen Terme 4	vacances	Projet à Moyen Terme 5
Rencontre avec un anglo-phone 3		Savoir présenter un lieu de vie : mon école		« Et si on faisait la fête ? » La chandeleur		organiser un jeu de piste 2		Rencontre avec un anglophone 4

Niveau 3

Projet à Moyen Terme 1 Organiser un jeu de piste 3	vacances	Projet à Moyen Terme 2 rencontre avec un anglo-phone 5	vacances	Projet à Moyen Terme 3 Savoir présenter un lieu de vie : mon village, mon quartier	vacances	Projet à Moyen Terme 4 rencontre avec un anglo-phone 6	vacances	Projet à Moyen Terme 5 « Et si on faisait la fête ? » La fête dans l'école

Annexe 2

Des projets au cycle 3

Niveau 1

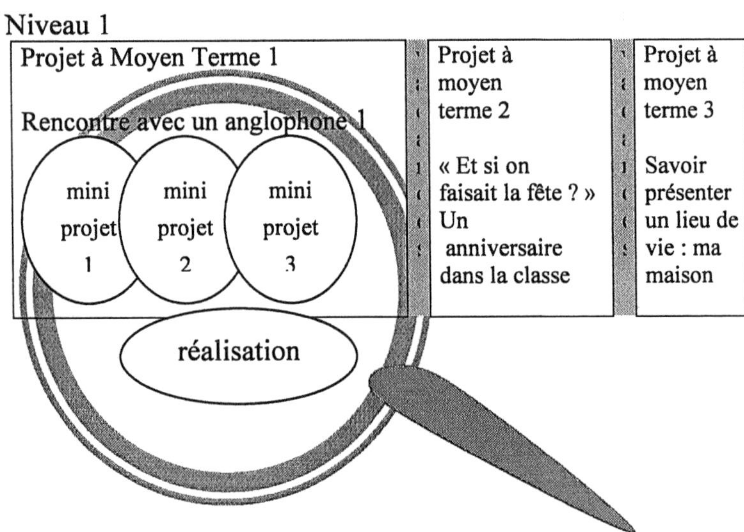

Détail d'un Projet à Moyen Terme - Niveau 1
rencontre avec un anglophone 1

Mini Projet 1	**Jeux de rôle** : se présenter, identité fictive et réelle Appel au connu Phonologie : intonation interrogative ↘, [h] - [ai] - [ei] Eléments de langue nouveaux : Classroom English + Hi, Hello, Good morning, Good afternoon, Goodbye, How are you, I'm fine/OK, What's your name ? I'm.../My name's... Fonctions : se saluer, échange de civilités, dire et demander son nom Compréhension de l'oral Culture : salutations, interpellations, distinctions français/anglais (Bonjour Monsieur □ Good morning, Mr. Smith), les différents moments de la journée Interdisciplinarité

Mini Projet 2	**Jeux de rôle** : enquêtes, se présenter, identité fictive et réelle Reprise du connu Phonologie : intonation interrogative, [h] - [r] - [ɜ] - [ə] - [aʊ] + forme faible [frəm] Eléments de langue nouveaux : Classroom English + Where are you from ? I'm from...How old are you ? I'm..., Nombres de 1 à 12 Fonctions : dire et demander son âge et son pays d'origine Compréhension de l'oral

	Culture : découverte du Royaume Uni, reconnaissance des noms des différentes régions Interdisciplinarité

Mini Projet 3	**Jeux de rôle** : enquêtes, se présenter, identité fictive et réelle Reprise du connu Phonologie : intonation interrogative ↘, [h] - [ai] - [ŋ] + forme faible [frəm] Eléments de langue nouveaux : Classroom English + What are your hobbies ? I like + nom…What do you like doing ? I like…ing Fonctions : dire et demander ses intérêts Compréhension de l'oral Culture : activités spécifiques au monde anglophone Interdisciplinarité

REALISATION	On invite l'anglophone dans la classe pour pouvoir profiter de sa présence authentique. Les élèves pourront ainsi réutiliser l'ensemble des éléments de langue appris pendant les trois mini-projets et essayeront de comprendre les réponses et propos de l'invité. On lui demandera particulièrement de parler à une vitesse normale, sans exagération et sans se restreindre uniquement à ce que les élèves ont appris. Il est important qu'ils acceptent que l'on peut comprendre l'essentiel d'un message sans en reconnaître la totalité du lexique utilisé. On essaiera d'encourager une vraie conversation, dialogue entre l'invité et les élèves où chacun tentera de poser des questions et de donner les informations demandées. On pensera à fournir une carte du pays d'origine de l'invité pour faciliter les échanges. Il est important de « briefer » l'invité sur la nécessité d'exclure toute réalisation en français. La rencontre pourrait être filmée. Dans le cas de cours multiples, cette rencontre pourrait se prêter à une différenciation des tâches et des attentes.

Dès le début on insiste sur le droit à l'erreur. On encourage le plaisir de dire et de découvrir, nécessaires à l'apprentissage d'une langue.
Percevoir, écouter, reproduire, mémoriser, produire, lire et écrire.
Anticiper, inférer, transférer, découvrir les mécanismes de la langue, comparer les différences, prendre des risques, développer l'initiative et le sens de l'humour, le sens poétique et musical, écouter les autres, aider les autres, travailler en groupes ou à deux.
Définir les supports.

Reperes a l'oral et passage phonie/graphie :

comment aider l'eleve ?

Dominique Delasalle, maître de conférences
IUFM de Basse Normandie

Repères à l'oral

L'enfant qui débute l'apprentissage d'une langue à l'âge de 9/10 ans a déjà pris des habitudes perceptives et articulatoires. Voilà une dizaine d'années que son spectre auditif a eu tendance à se réduire. Les sons inexistants dans sa langue maternelle sont parfois mal perçus. Au cours de sa conférence, Mme Henriette Walter signalait que lorsque l'oreille est habituée à une langue, il arrive que les finales des mots ne soient pas perçues dans une autre langue. Ainsi, inconsciemment, l'enfant a acquis des réflexes pour prendre des repères dans sa langue maternelle, puis le français utilisé à l'école. Depuis plusieurs années aussi il s'est entraîné à utiliser d'une certaine manière ses organes vocaux. On sait aussi que l'enfant développe très tôt des capacités à repérer les phénomènes de rythme, d'accentuation et d'intonation. Bien avant de comprendre le sens de chaque mot en particulier, l'enfant réagit aux énoncés menaçants ou encourageants et aux questions qu'on lui pose. Quand il se met à écouter de l'anglais ou tout autre langue, le jeune français (pour la clarté de l'exposé et parce qu'il faut bien restreindre le propos, nous nous limiterons à ce cas de figure), a l'habitude de certains repères :

- la voix « qui monte « lui signale une question, quelque soit l'ordre des mots dans la phrase
- la mise en relief des informations peut se faire en bouleversant l'ordre des mots : « c'est lui qui....

-la mise en relief se fait aussi de façon tout à fait naturelle par une augmentation de la durée de la syllabe à la fin d'un groupe de mots.[7]

---

[7] Cf Elisabeth L'hôte, *Enseigner l'oral en interaction,* Hachette, 1995, p. 141.

- les phrases au pluriel sont bien signalées par les déterminants « des » ou « les », etc.

L'écoute d'une langue étrangère va obliger l'élève à construire un système de repérages différent.

Accent de mot

D'une manière générale, on fait souvent la distinction pour l'oral entre les langues accentuelles de nos voisins : italien, espagnol, anglais et notre langue, syllabique par nature. Si l'on essaie de préciser l'importance des phénomènes d'accentuation en anglais (accent de mot et accent de phrase), on se rend bien compte qu'ils sont primordiaux. Un même mot de plus d'une syllabe prononcé par différents locuteurs sera presque toujours repérable grâce à la syllabe accentuée, même si la qualité des phonèmes varie considérablement en fonction du locuteur et du contexte phrastique. On sait bien que les déplacements d'accent sont traqués par les jurys de concours, et altèrent souvent grandement la compréhensibilité du message. Pour faire prendre conscience aux élèves de l'importance de l'accent de mot en anglais, on peut partir de ces fameux « mots transparents », si utiles pour faciliter la compréhension de l'écrit, mais qui posent tant de problèmes de reconnaissance à l'oral et de prononciation. Ils sont nombreux les « vrais amis » sémantiques et graphiques sur lesquels aiguiser les capacités de détection de l'accent de mot, puis de mise en bouche de cet accent par les élèves. Si tout élève avait clairement conscience, dès le début de l'apprentissage d'une langue accentuelle comme l'anglais, que tout mot de plus d'une syllabe est obligatoirement accentué, il posséderait l'une des clés pour réussir à l'oral. Tous les enfants n'ont pas la même capacité de détecter à l'oreille l'accent de mot. Il est souvent très utile de le faire percevoir en utilisant le geste, en le faisant marquer par les enfants à l'aide d'un claquement de mains ou en frappant du pied.

Accent de phrase

Quant à l'accent de phrase, il permet de mettre en relief tel ou tel élément de la phrase sans avoir recours à un bouleversement de l'ordre des mots (c'est lui qui a tort / HE is wrong). Une mise en évidence de cette caractéristique fondamentale de la langue anglaise tôt dans l'apprentissage, accompagnée d'un entraînement à repérer et jouer avec ce phénomène, permet de créer de nouvelles façons de repérer l'information importante; c'est aussi un garant d'authenticité d'utilisation de la langue. Là aussi on pourra utiliser le geste pour indiquer le mot porteur de l'information principale.

Transfert en compréhension

Il semble souhaitable, dès que l'élève possède un petit bagage lexical, de lui proposer des possibilités de repérer des éléments connus dans des messages aussi proches que possible de formulations authentiques. Ainsi, on travaille le transfert en compréhension. Celui-ci n'est guère favorisé si l'on écoute seulement le maître ou le locuteur natif ou ses camarades. Un même mot, ou une même expression, repérés plusieurs fois alors qu'ils ont été prononcés de façon authentique par différents locuteurs dans des messages d'une certaine ampleur, s'ancreront mieux en mémoire à long terme et avec la flexibilité nécessaire à leur identification dans des messages à venir. Bien sûr, il n'est pas facile pour les maîtres en exercice de trouver des ressources permettant la mise en oeuvre d'un tel travail de repérage. Comme dans d'autres domaines, mutualisation et diffusion des ressources disponibles s'imposent. Je ne donnerai qu'un exemple, tiré d'une méthode d'enseignement pour adulte, où des enfants se présentent et disent ce qu'ils préfèrent faire à l'école.[8]

Passage phonie/graphie

L'observatoire national de la lecture fait observer la difficulté du passage de l'oral à l'écrit, notamment en anglais : « l'identification des mots par décodage graphophonologique (se fondant sur les correspondances graphème-phonème) est beaucoup plus précoce pour les langues à orthographe transparente que pour les langues à orthographe relativement opaque. En effet des enfants allemands de 7 ans lisent mieux des pseudo-mots en allemand que des enfants anglais de 9 ans en anglais. ». L'ouvrage *Apprendre à lire au*

---

[8] Brian Abbs, Ingrid Freebairn, *Opening Strategies*, Unit ten, Consolidation, Listening activity n°2.

cycle des apprentissages fondamentaux[9] est intéressant à plus d'un titre. On y apprend par exemple « qu'il est apparu que les enfants américains de première année de primaire qui recevaient beaucoup d'instruction sur les correspondances graphème-phonème non seulement progressaient davantage, par rapport à ceux qui en recevaient peu, en lecture et en écriture de mots réguliers, mais aussi en lecture et en écriture de mots irréguliers »[10]. Il faut garder à l'esprit ces résultats de recherche si l'on veut ne pas causer de rupture entre l'apprentissage de l'anglais en cycle 3 et l'apprentissage ultérieur au collège. Pendant plusieurs années, il était de bon aloi de dire qu'à l'école, on n'écrivait rien en langue étrangère. La place de l'écrit était extrêmement limitée; les locuteurs natifs quant à eux tombaient parfois soit dans le travers d'une utilisation trop précoce de l'écrit, soit dans le travers du tout oral. On sait pourtant les catastrophes qu'a entraînées le « tout oral » en vigueur dans les années 70. L'apprentissage d'une langue en milieu institutionnel n'a rien à voir, en termes de durée d'exposition à la langue, avec l'acquisition de la langue maternelle. Les élèves les plus faibles sont souvent les plus démunis pour assimiler une langue qu'ils doivent retenir par le seul moyen de l'oral. Ils ne parviennent pas à fragmenter le continuum sonore et ils s'imaginent, comme leurs camarades, des formes écrites qu'ils inventent à partir des correspondances phonie/graphie dont ils ont pris l'habitude en français. Il faut ajouter que nombreux sont les élèves, baignés depuis plusieurs années dans la culture de l'écrit à l'école, qui réclament des traces écrites dans un cahier. Faire peu à peu prendre conscience aux élèves des rapports entre les formes qu'ils entendent et les formes écrites correspondantes constitue l'une des tâches des enseignants qui s'occupent des débuts de l'apprentissage en langue. Bien sûr, on n'y consacrera moins de temps pour des langues où le rapport phonie/graphie est moins opaque qu'en anglais.

9 Observatoire national de la lecture, *Apprendre à lire au cycle des apprentissages fondamentaux*, Editions Odile Jacob, 1998, p. 57 à 63.
10 Idem, p.63.

Une trace écrite utile

Quelle forme prendra la trace écrite? Il faut avant tout qu'elle ne soit pas erronée. Trop de cahiers d'élèves offrent de multiples exemples d'erreurs de copie quasi systématiques, notamment quand c'est un lecteur ou un locuteur natif qui prend en charge les séances de langue. Pourtant, le maître est censé être présent et actif pendant ces moments là. A lui de s'assurer que les élèves ne recopient pas n'importe comment. Il y a par exemple, en anglais comme en allemand, des suites de signes graphiques qui ne leur sont pas familiers et qu'ils auront tendance à « franciser »; on peut penser à « sh » en anglais, à « sch » en allemand par exemple. Il faudra aussi être vigilant quant à la façon dont les élèves notent fidèlement ou pas les marques telles que les apostrophes en anglais. Les oublier peut créer des difficultés supplémentaires de segmentation ultérieure des éléments du message. What's, déjà souvent perçu comme un bloc à l'oral, le sera plus encore si l'apostrophe est oubliée lors du passage à la trace écrite...

Mais la trace écrite devrait aussi permettre à l'élève qui en a besoin de retrouver l'image sonore du mot ou de la phrase. Le débat est souvent vif quant à l'utilisation ou pas des signes phonétiques. On peut s'en étonner, car la démarche qui consiste à établir un lien entre une forme entendue et la façon dont on l'écrit n'est pas inconnue de l'élève. C'est une démarche qu'il a déjà pratiquée lors de l'apprentissage de la langue maternelle. Nombreux sont les manuels ou les cahiers d'activités de cours préparatoire où l'on utilise des signes phonétiques. Donc, petit à petit, rien n'empêche, sinon les représentations des enseignants sur la question, d'initier les élèves à l'utilisation de quelques signes phonétiques surtout ceux qui permettent de garder une trace des sons vocaliques. Certains manuels de sixième réhabilitent d'ailleurs l'emploi des signes phonétiques.

Nous avons insisté plus haut sur l'importance de l'accentuation juste des mots de plus de deux syllabes. Comment oeuvrer dans ce domaine? Là aussi, il est souvent nécessaire de garder une trace sur le papier de la manière dont un mot s'accentue, surtout s'il est « transparent ». La voyelle concernée peut être passée au surligneur, ou souligner. Si l'on utilise des accents, mieux vaut les faire figurer en couleur pour éviter que l'élève ne les confonde avec les signes d'accentuation en français. Toutes ces pratiques aideront aussi les élèves qui entendent mal les sons de la langue étrangère, ceux qui ont des difficultés à reproduire le modèle oral. Quand on travaille au niveau de la phrase en anglais, il semble souhaitable d'opter pour un système qui permet d'indiquer aux élèves les syllabes qui comportent des formes faibles. En effet, en français, l'on est censé prononcer toutes les syllabes avec la même intensité, ce qui n'est pas du tout le cas en anglais où l'on alterne formes fortes et formes faibles.

Un exemple de travail sur le lien graphie phonie à partir d'une série fermée : les mois de l'année

Considérons la série suivante : January, February, March, April, May, June, July, August, September, October, November, December. On peut amener les élèves à établir les différences et ressemblances avec les mots français correspondants à l'écrit, à remarquer les différentes façons de prononcer les lettres A,U,E, à repérer l'accentuation des mots de plus de deux syllabes. On peut ainsi aboutir à des classements: mots qui s'accentuent sur la première ou la deuxième syllabe; on peut aussi établir le nombre de façons de prononcer la lettre A dans cette série [æ, ei, a:,], les deux manières d'orthographier la diphtongue [ei], faire prendre conscience du fait que la plupart du temps, hors syllabe accentuées, les lettres se prononcent souvent « à minima », etc.

Bien sûr, tout ce travail est loin des exigences des activités de type communicatif, mais il a sa place dans le développement de capacités transversales et contribue à permettre le traitement en profondeur des informations. On a d'ailleurs bien mis en évidence que dans les débuts de l'apprentissage d'une langue, qu'elle soit première ou seconde et davantage encore en langue seconde, les mots sont souvent retenus en fonction de leurs ressemblances à l'oral. Un classement davantage sémantique s'effectue plus tard dans l'apprentissage. Ceci justifie pleinement, s'il en était besoin, l'utilisation en début d'apprentissage de tout ce qui permet de jouer avec les formes sonores des mots : apprentissage, mais aussi création de Jazz Chants, comptines, petits poèmes.

Voici un jazz chant créé avec une classe rurale de CM2 au cours du premier trimestre :

Sam likes jam, but not ham.
Julie likes jelly, but not tea.
Kate likes snakes, but not cakes !

De la graphie à la phonie
Une démarche encore peu pratiquée, et pourtant tout à fait cohérente, est de partir de ce que les enfants connaissent de mots écrits en langue étrangère pour comparer la façon dont ils les prononcent avec celle d'un natif. Le territoire n'est pas vierge ! Un matin, j'étais entourée d'enfants dont les vêtements comportaient tous des inscriptions en anglais, dont les enfants ignoraient la prononciation adéquate ainsi que le sens. Ils ont trouvé très intéressant de travailler à partir de ce qu'ils avaient bien innocemment apporté comme matériel pour la séance d'anglais! On peut aussi penser aux enseignes de magasin (Mac Donald, Quick, Glue Pot, New Look, Why Not...) et à la publicité (Eternity, Addict.) J'ai lancé des étudiants de licence sur cette piste et la collecte a été fructueuse. Que faire d'une telle récolte ? Les activités sont encore à imaginer, mais ne manqueront pas d'aiguiser sens de la découverte et réflexion sur l'emploi des mots.

De la nécessité de former les maîtres
Pour aboutir en classe à un travail de qualité dans les domaines ci-dessus évoqués, il faut bien évidemment que la formation intègre des éléments de phonétique et de phonologie. Ceux-ci, souvent abordés très tôt dans les cursus de langues à l'université, sont souvent restés lettre morte. Dans le premier degré, pour les enseignants débutants ou en exercice qui n'ont pas fait d'études en langues, c'est souvent une découverte presque totale. Dans ce domaine, l'humilité s'impose ainsi que la rigueur. Des professeurs des écoles, pourtant linguistes, reconnaissaient il y a très peu de temps que l'accentuation n'était pas leur point fort. Raison de plus pour faire le point avec eux dans ce domaine, pour les évaluer de façon formative. Ensuite il faudra construire avec eux des formes d'évaluation de la compréhension orale de leurs élèves. On ne peut se contenter de l'évaluation collective et subjective qui a lieu le plus souvent. Les enfants les plus rapides ou les plus à l'aise en compréhension donnent, avant les autres, les réponses attendues

par le maître. Ceci se reproduisant assez systématiquement, nombre d'élèves n'ont pas vraiment compris et prennent l'habitude de ne pas mettre en œuvre un réel travail de compréhension. Il faut donc s'efforcer, le plus souvent possible, de passer par des tâches qui permettent d'apprécier les capacités de compréhension de chaque élève. Il existe des outils pour faciliter le travail des maîtres, par exemple : *Are you listening* ?[11]

Il faudra aussi penser à aborder le problème de l'évaluation des productions orales. Certains enseignants débutants pensent qu'il est plus facile de tester l'expression que la compréhension. Mais tester les capacités d'expression de l'élève en situation de communication nécessite beaucoup de temps et de moyens. Les écoles ne disposant pas de laboratoire de langues, il faudra être inventif et souvent se faire seconder pour mettre en place une évaluation de l'oral qui ne soit pas une simple vérification de la restitution correcte de formules apprises par cœur. Des enregistrements vidéo d'enfants en situation de dialogue sont à développer et peuvent servir de base à des activités d'appréciation par l'ensemble de la classe. Ils peuvent également être transmis aux enseignants de collège pour faciliter une meilleure prise en compte du travail réalisé en langue à l'école.

Compte rendu des échanges

Question concernant les outils à utiliser (cassettes entre autres dans une classe) lors d'un cours de langue (anglais) :

Il est souhaitable d'utiliser davantage de documents authentiques. Beaucoup d'étudiants arrivent en licence sans avoir écouté d'anglais authentique depuis un certain temps, ils ont fait beaucoup de traduction avec un métalangage propre à leur discipline. La rupture avec l'enseignement du collège et du lycée par rapport à l'université est présente à ce niveau : « j'ai l'impression que je parlais mieux anglais quand je suis sorti du lycée » affirment certains, après trois ans passés sur les bancs de l'université! Mais ils ont progressé sur d'autres plans : littérature, civilisation, ils ont une meilleure connaissance des

[11] Scott Wendy, *Are You Listening*, Oxford University Press, 1997.

systèmes… Mais la pratique de la langue orale diminue et les automatismes se perdent. Il faut reconstruire.

Question : faut-il envisager un travail sur les sons (phonologie) dès la 6è, car alors cela devient une habitude ?
Des choses intéressantes se font concernant la compréhension et la production de l'oral, mais c'est au professeur de faire attention au niveau des apprenants et de dire : “attention ! Cela est important ! Dans le second degré, l'écart vient souvent du fait que les évaluations portent trop souvent sur l'écrit, alors qu'en classe on aura quasiment travaillé que des questions de l'ordre de l'oralité.
Les élèves de CM ont déjà un bagage en anglais (jeux vidéo, enseignes publicitaires…), mais le problème réside dans le fait que graphiquement, le mot est assimilé, mais pas la phonie ! La prononciation est totalement erronée. D'autant plus que le vocabulaire retenu et appris dans la vie quotidienne est souvent mal orthographié à la base, d'où une double difficulté à surmonter pour les élèves (et le professeur). Il importe de réapprendre à prononcer et à écrire tous ces termes.
Pour ce qui est de l'environnement écrit, un test a été réalisé dans le cadre de la recherche sur les « fameux mots transparents », mais en compréhension de l'oral. Bilan : les élèves ne reconnaissent presque rien ! Donc au niveau de la formation, il faut insister sur le fait que la forme orale est souvent difficilement identifiable.
(Une personne anglophone présente sert de cobaye à une petite expérience).
Jane est à la maison et Jane n'est pas à la maison. (traduire en anglais)
Jane's at home / Jane isn't at home
Tom n'a pas de chat / a un chat
Tom's got a cat / Tom hasn't got a cat

Qu'est-ce qu'on remarque ?
Au départ, les élèves devaient reconnaître si c'était une phrase négative ou affirmative. Ils éprouvent des difficultés, même sur des phrases simples. Un moyen pour les aider à distinguer les énoncés : si ils entendent une forme pleine de l'auxiliaire, il

s'agit d'une négation. Dans une phrase affirmative, il est quasi inaudible. Ce genre de repérages entrerait dans le développement d'une grammaire de l'oral. Cela est applicable pour des cas tels les liaisons, les pluriels...

Le rapport graphie / phonie dans différentes langues

Le test était le suivant : des mots ont été inventés dans différentes langues pour voir si les élèves natifs, à partir du rapport graphie/phonie que eux avaient établi, étaient capables de les écrire après les avoir entendus. En espagnol, italien et allemand, cela a posé peu de problèmes. En français, cela se complique et en anglais cela est très problématique. Ceci doit nous faire réfléchir à l'importance de l'aide à apporter à l'élève dans ce domaine.

Autre difficulté : les exercices de repérage à l'oral demandés dans les langues étrangères sont des activités dont les élèves n'ont pas l'habitude en langue maternelle.

DEVELOPPEMENT ET EVALUATION DE LA COMPREHENSION ORALE ET ECRITE EN LANGUE ETRANGERE.

Dominique Delasalle, Maître de conférences
IUFM de Basse Normandie

En ce qui concerne le développement des capacités de compréhension, il paraît essentiel, comme dans toute démarche d'enseignement/apprentissage, d'avoir une approche globale de l'élève et de son apprentissage et de tenir compte de ce qu'il sait déjà. En effet, l'élève de cycle 3 et particulièrement celui de CM2, a développé des capacités dans le domaine de la compétence de communication : il a déjà eu l'occasion de travailler les composantes sémiotique, référentielle, discursive-textuelle, culturelle, socio-pragmatique, etc. de cette compétence si complexe.

Dans le domaine discursif textuel, l'élève de cycle 3 possède certaines compétences d'auditeur en langue maternelle ainsi que dans la langue de l'école. A l'écrit, ses compétences ont été surtout développées dans le cadre de l'école. Il s'agit d'aider l'élève à utiliser ses compétences en développement dans la découverte d'une langue étrangère. Cela les confortera d'ailleurs en français, langue de l'école[12].

Une mise en garde est nécessaire : prendre appui sur les connaissances de l'élève ne signifie pas expliquer le fonctionnement de la langue étrangère à partir d'habitudes descriptives utilisées pour le français; on peut noter ce travers même dans des documents largement diffusés pour aider l'enseignant dans sa tâche difficile, ce qui est fort regrettable[13].

Par contre, on peut amener les élèves à remarquer l'existence de mots de même nature grammaticale dans les deux langues (nom /verbe /adjectifs/ mots outils divers : pronoms, prépositions, déterminants notamment). A l'écrit comme à l'oral, dans des langues comme l'allemand ou l'anglais, on devrait insister très tôt sur la compréhension des mots composés pour faciliter ensuite les tâches d'écoute et de lecture. Même à des enfants en phase d'initiation, on peut faire repérer certaines différences à la fois de prononciation et d'ordre des constituants du mot ; les noms de héros que les enfants connaissent tous se prêtent bien à ce genre de travail de comparaison : Snowwhite, Batman, Spiderman, etc.

Cette approche globale de l'enseignement/apprentissage est mise en relation avec une approche globale, paysagiste[14]des problèmes de compréhension à l'écrit comme à l'oral. Elle permet de travailler sur des repérages déjà effectuées en français (par exemple : bruits, ton d'une conversation ; fonction de l'écrit) et de tenir compte du contexte, le défaut de contextualisation constituant une entrave majeure à la compréhension. D'autre part, comme il s'agit de préparer l'élève à utiliser ses connaissances et savoir faire en situation, on s'efforcera de privilégier le travail à partir de documents authentiques, à l'écrit comme à l'oral.

En ce qui concerne les pratiques d'évaluation, encore assez peu développées dans les classes, on s'efforcera d'entraîner l'élève : repérages précis, évaluation formative avant d'aborder

---

[12] Gaonach D., « L'enseignement précoce des langues étrangères », *Sciences Humaines* n°123, janvier 2002.

[13] *Documents d'accompagnement, cycle 3 anglais, réflexion sur la langue* CNDP, 2002.

[14]Lhote E., *Enseigner l'oral en interaction*, Hachette, 1995.

l'évaluation sommative (questionnaires divers, QCM, Right/Wrong). A ce stade, il importe de mettre l'élève en mesure de d'accomplir des tâches complexes et pas seulement de réussir des tâches d'entraînement. Bien sûr, la part respective d'entraînement et d'évaluation de l'oral et de l'écrit se modifiera au cours du cycle 3 avec une augmentation progressive du temps consacré à l'écrit et à son évaluation. Dès l'entrée en 6ème, l'élève est très souvent confronté à des tâches écrites pour lesquelles on se doit de le préparer pour éviter toute rupture. Dès qu'ils ont en mains leur manuel de 6ème, intéressés d'abord par les images, les élèves découvrent vite les textes aussi. Si ils ont peu écrit à l'école et n'ont jamais rien lu avant en anglais, ce qui arrive, ils liront comme en français et se sentiront en difficultés aussi pour les tâches d'écriture. Certains passent ainsi soudainement de la réussite à l'échec, ce qui crée une rupture dans l'apprentissage de la langue étrangère et s'avère fort préjudiciable pour la motivation.

Pour le développement de la compréhension de l'écrit en lien avec le renforcement des compétences en français, je propose par exemple de s'appuyer sur des tâches qui se trouvent dans les cahiers d'évaluation CE2, français : repérage de types textuels (relier couvertures et pages intérieures)[15].

On peut aussi tisser des liens entre la langue étrangère et le français, notamment grâce au programme de littérature pour le cycle 3. On peut avantageusement puiser dans la liste des titres étrangers qui se trouve en annexe 3. Après avoir travaillé une oeuvre dans le cadre de l'enseignement/apprentissage du français, il paraît opportun de travailler un ou deux passages judicieusement choisis en langue étrangère. Ainsi, il sera bien plus facile de travailler sur des extraits de documents authentiques, facilement contextualisables grâce au travail précédemment effectué en français sur l'oeuvre.

Une inquiétude exprimée par certains participants à l'atelier fut le danger du mot à mot, de la traduction.

Travailler en langue étrangère un passage d'une oeuvre déjà étudiée en français ne signifie pas automatiquement traduire, bien d'autres tâches sont possibles. Des exemples d'exploitation ont été donnés par le biais de textes tirés de *The Chocolate*

[15] Annexe 1et 2

Factory[16] de Roal Dahl. On peut bien sûr attirer l'attention des élèves sur l'ordre des mots du titre de ce livre dans chacune des langues. Des extraits des chapitres 2 (p. 6), 3 (p.9), 12 (p. 40) et 14 (p. 48) ont été sélectionnés[17] pour travailler différents aspects de la compréhension écrite : vocabulaire de la maison (p.9), compréhension d'injonctions (p.40), itinéraire (p.48) et phénomènes de reprise d'un groupe nominal : four grandparents (p.6). Pour le travail sur le vocabulaire de la maison et les injonctions, des supports d'activités iconographiques sont proposés. On veillera bien sûr à proposer ce genre de travail à des élèves dont le niveau de familiarité avec la langue étrangère leur permet d'effectuer sans trop de difficultés les tâches proposées. Elles s'adressent sans doute à des élèves de CM2 ayant commencé l'apprentissage de l'anglais deux ans auparavant. Le maître de la classe est seul juge de ce qu'il convient de proposer à ses élèves.

---

[16]Dahl R., *The Chocolate Factory*, Puffin Books, 1997.
[17] Annexe 4

Annexe 1

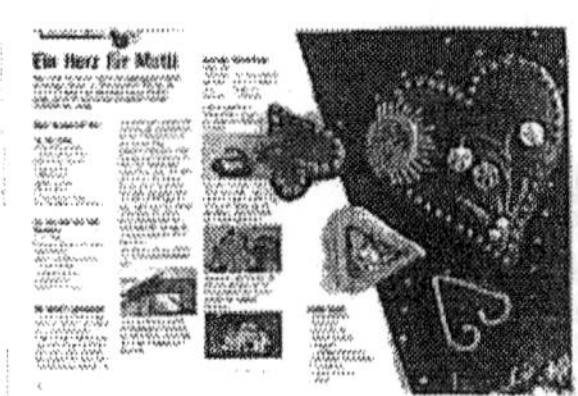

KINDER
KOCHEN
BACKEN

MARC & PENNY

Janosch
Das kleine
Panama
Album

Ein Herz für Mutti

Annexe 2

So they sent me a . . .

He was too tall!
I sent him back

Dear Zoo

Rod Campbell

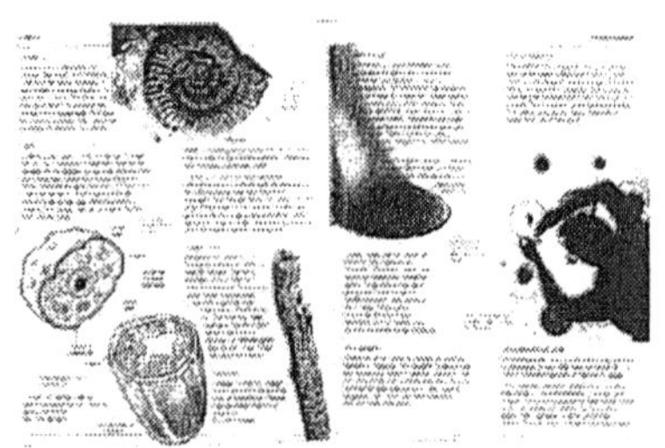

Annexe 3 :

Extraits de la liste de référence des oeuvres de littérature de jeunesse pour le cycle 3

Albums :

Lord Parker N., Scaborough K., John K., La fabuleuse découverte des Iles du dragon, avril/juin 1819 à bord de l'Argonaute, journal de bord, Gründn.	Niveau 3 (p.21)

Contes :

Hamilton V., Quand les hommes savaient voler, contes populaires noir-américain, Sorbier.	Niveau 2 (p.28)
Kipling R., Quand le chameau eut sa bosse, Nord/Sud.	Niveau 1 (p.30)

Romans et récits illustrés :

Bradbury R., La sorcière d'avril et autres nouvelles, Actes Sud Junior.	Niveau 3 (p.40)
Capote T., L'invité d'un jour, suivi de Miriam, Gallimard Jeunesse coll. Folio Junior.	Niveau 3 (p.40)
Lewis C., Les aventures d'Alice au Pays des Merveilles.	Niveau 3 (p.41)
Collodi C., Les aventures de Pinicchio.	Niveau 2 (p.43)
Dahl R., Charlie et la chocolaterie, Gallimard Jeunesse.	Niveau 2 (p.44)
Hartling P., Oma, ma grand-mère à Moi, Pocket Jeunesse.	Niveau 3 (p.47)
Karr K., La longue marche des dindes, Ecole des Loisirs, (Etats Unis/ XIXème).	Niveau 3 (p.48)
Waechter F.K., Le loup rouge, Ecole des Loisirs.	Niveau 1 à 2 (p.56)

Les autres catégories de textes : Poésie, Théâtre et bande dessinée.

NB : Compte tenu de l'importance attachée aux activités de mise en voix et mise en scène des textes, on veillera tout particulièrement à la place de la poésie et du théâtre.

Annexe 4
Extraits de Charlie and the Chocolate Factory

Chapter Two :

In the evenings, after he had finished his supper of watery cabbage soup, Charlie always went into the room of his four granparents to listen to their stories, and then afterwards to say good night.

Everyone of these old people was over ninety…As soon as they heard the door opening, and heard Charlie's voice saying : « Good evening, Grandpa Joe and Grandma Josephine, and Grandpa George and Grandma Georgina », then all four of them would suddenly sit up…

For they loved this little boy. Often, Charlie's mother and father would come in as well, and stand by the door, listening to the stories that the old people told. ; and thus, for perhaps half an hour every night, this room would become a happy place and the whole family would forget that it was hungry and poor.

Chapter Three :

…. And what a palace it was ! It had one hundred rooms, and everything in it was made of either dark or light chocolate! The bricks were chocolate, and the cement holding them was chocolate, and the windows were chocolate, and all the walls and the ceilings were made of chocolate, so were the carpets and the pictures and the furniture and the beds….

Chapter twelve :

«You are just in time ! », shouted Grandpa Joe. 'There's not a moment to lose. You must start making preparations at once ! Wash your face, comb your hair, scrub your hands, brush your teeth, blow your nose, cut your nails, polish your shoes, iron your shirt… You must get ready, my boy! You must get ready for the biggest day of your life! »

Chapter fourteen :

Soon he turned right off the main corridor into another slightly narrower passage.

Then he turned left.

Then left again.

Then right.
Then left.
Then right.
Then right.
Then left.

The place was like a giant rabbit warren, with passages leading this way and that way in every direction.

LE PORTFOLIO EUROPEEN DES LANGUES A L'ECOLE PRIMAIRE DANS LE CADRE DE L'EVALUATION ET DE L'AUTOEVALUATION

Wolf Halberstadt, IA-IPR, académie de Versailles

L'atelier « Portfolio » avait comme objectif la présentation d'outils existants mis à la disposition des enseignants et des élèves dans le cadre de l'enseignement des langues vivantes à l'école primaire. Le Portfolio destiné aux jeunes enfants s'intègre dans un dispositif qui vise à donner une plus grande cohérence à l'apprentissage des langues vivantes à l'échelle européenne.
Le Cadre commun de référence du Conseil de l'Europe publié en 1996 indique six niveaux : A1 pour les débuts de l'apprentissage, C2 pour le degré le plus élevé. Ce document à permis aux groupes d'experts d'élaborer des Portfolios destinés aux apprenants du premier et du second degré et aux adultes. L'expérimentation officielle a été pilotée par le Conseil de l'Europe dans 16 pays entre 1998 et 2000. En France elle a été organisée dans le cadre de l'Education nationale et sous la responsabilité de l'inspection générale des langues vivantes. L'ensemble du dispositif auquel ont participé plus de 25 000 élèves et environ 1700 enseignants a été évalué, un rapport final a été publié. Seuls les Portfolios qui respectent le cahier de charge sont homologués ; le logo du Conseil de l'Europe en page de couverture en est la preuve.
L'on peut déterminer trois fonctions essentielles du Portfolio :
-donner la possibilité à un apprenant de déterminer à l'aide de l'auto-évaluation le niveau atteint dans les langues étrangères ou régionales apprises à l'intérieur ou à l'extérieur de l'école.

-permettre la réflexion sur la didactique de l'enseignement des langues vivantes en mettant en avant les stratégies d'apprentissage en autonomie.
-contribuer à la promotion du plurilinguisme en Europe.
En France, l'expérimentation a été simultanément menée à l'école primaire et dans les lycées et collèges. Une équipe du CIEP de Sèvres dirigée par Francis Debyser et Christine Tagliante a conçu le document destiné aux enfants de 8 à 12 ans. L'expérimentation a eu lieu dans les Académies de Bordeaux et d'Amiens. Trois mille enfants ont travaillé avec la version expérimentale du livret appelé « Mon premier Portfolio ». Comme les éditions destinées aux jeunes et adultes, ce Portfolio contient trois parties :

La biographie langagière
Elle permet de rendre compte de l'itinéraire linguistique de l'apprenant et du niveau des compétences atteint. Le cahier déplié ressemble à un jeu de plateau. Les compétences langagières sont inscrites dans les quatre coins ; elles sont 'traduites' afin de les rendre compréhensibles à un très jeune public :
Quand je lis, je peux ...
Quand j'écris, je peux....
Quand j'écoute, je peux ...
Quand je parle, je peux ...

Les descripteurs du Cadre commun de référence - tout en respectant l'esprit du texte initial - ont été également adaptés :
Quand j'écoute, je peux ...
comprendre des consignes simples.
comprendre des questions sur l'endroit où j'habite, sur ce que je fais, sur les gens que je connais... etc.
L'enfant peut matérialiser sa progression en collant des gommettes à côté des descripteurs qui correspondent à son niveau. Le livret d'utilisation fournit des modèles pour des d'auto-évaluations intermédiaires afin que l'enseignant puisse adapter des grilles (acquis, en cours d'acquisition, non acquis) aux tâches spécifiques de la séquence. L'auto-évaluation n'est pas une fin en soi. Elle permet d'entamer un échange entre

maître et élève et d'établir des liens avec l'évaluation formative et sommative.

Le Passeport

Cette partie est moins développée que dans les Portfolios destinés aux apprenants plus âgés. Les élèves ne dépassent que rarement le niveau A1 du Cadre commun ; il est cependant utile de certifier les enseignements suivis (horaires, fréquence) du CE2 au CM2.

Le Dossier

Il permet d'éveiller les enfants à la découverte d'autres langues. L'aspect interculturel est mis en avant (« J'aime écouter de la musique, des chansons d'autres pays »). Les rencontres ou relations personnelles sont valorisées (« Nous avons de la famille ou des amis qui vivent dans d'autres pays »), les autres langues parlées par l'enfant ou par des membres de sa famille (langues régionales, langues d'origine) sont considérées comme des apports enrichissants.

L'enseignement des langues vivantes est inscrit dans les nouveaux programmes du cycle 3 de l'école primaire. Le niveau A1 du Cadre commun de référence a servi de document de base pour élaborer le référentiel qui décrit les compétences à atteindre en fin de CM2. La cohérence avec les descripteurs du Portfolio est ainsi assurée.

Dans le cadre de l'atelier, la nécessité de former les enseignants à cet outil est soulignée. L'aspect novateur de la démarche exige la mise en place de stages organisés dans le cadre de la formation continue du personnel.

Le financement du Portfolio peut poser problème en dépit du coût modique (environ 1,5 Euros par élève). Des sources de financement sont à rechercher (collectivités locales ou territoriales, etc.). Il est cependant rappelé que le Portfolio doit rester la propriété de l'élève.

Dans le cadre de la liaison école-collège, le Portfolio du premier degré peut jouer un rôle important. La présentation du Portfolio au début de la classe de sixième peut contribuer à la prise en compte des acquis. La concertation des maîtres du premier degré et des professeurs de collège permettra de travailler sur la continuité des apprentissages.

Chapitre 3
Pluri et interdisciplinarité

LES LANGUES EN CYCLE 1 ET 2 : PRATIQUE DE CLASSE AUTOUR DE L'EDUCATION AUX LANGUES-CULTURES A LEURS DIVERSITES

Marie-Patricia Perdereau-Bilski, Jean-Jacques Dabat-Aracil,
Inspection académique d'Evreux 3

Les langues vivantes entrent officiellement à l'école primaire, bientôt par la grande section de maternelle.
L'enjeu didactique est double : intégrer les langues au cœur des processus langagiers et contribuer à la construction identitaire.
Les nouvelles directives ministérielles[18] concrétisent ainsi de nombreuses initiatives de cycles I et II qui tentent depuis quelques années d'affecter à l'apprentissage des langues une réelle identité culturelle et plurilingue par son insertion dans les domaines de compétences.
Porter un regard novateur sur cet ancrage « curriculaire » relève d'un constat socio-économique fort et d'une prise de conscience qui consiste à rendre nécessaire les apprentissages en amont du cycle III. Pourtant quand on parle de pluralité des langues-cultures à l'école maternelle, il ne peut s'agir de la même pluralité des langues que celles des cycles II et III, voire du secondaire. L'école en la matière a toujours souhaité que les acquis qu'on y fait soient utiles.
Cependant, nous pouvons constater une certaine logique d'addition de savoirs souvent structuraux et lexicaux qui nous incite à penser que posséder des connaissances ou des capacités ne signifie absolument pas être compétent en langues. Les relevés de terrain montrent souvent qu'un élève qui est en possession d'acquis n'arrive pas à les mobiliser de façon pertinente dans des situations d'apprentissages visant une communication effective.

---

[18] Textes sur les nouveaux programmes 2001

En mettant le langage au cœur des apprentissages, n'y a-t-il pas matière à développer des projets transversaux de la part des jeunes enfants qui aient vraiment une incidence sur l'appropriation d'une conscience langagière, communicative et identitaire par la construction et le transfert de compétences suffisamment sémiotiques car multidimensionnelles ?
Ne faudrait-t-il pas alors envisager un étayage entre une logique de compétences plurilingues et un processus de construction identitaire, à travers sa propre langue-culture et la culture des autres langues ?
Il s'agirait là d'élargir le champ didactique des processus d'apprentissage en analysant la contribution que pourrait apporter la pluralité des supports et de leur contexte pour identifier les interactions qui s'établissent entre les processus de catégorisation sociolinguistique (représentations mentales, schémas et cultures identitaires) et les processus d'apprentissage langagier communicationnel. Pour ce faire, nous nous appuierons sur une expérimentation d'ouverture aux langues par les cultures menées depuis de nombreuses années dans deux grandes sections d'une école maternelle d'Evreux, dans l'Eure, en Normandie.

1- A la croisée des cultures et des langues

L'intégration des langues vivantes dans le cursus scolaire et ce dès la maternelle marque inévitablement un grand tournant dans la conception et la portée socio-éducative de l'apprentissage des langues. Il y a bien des implications sociales dans lesquelles l'école a un rôle à jouer. Cependant l'apprentissage des langues est à définir par rapport à ces enjeux citoyens et aux dérives potentielles d'évaluation de compétences, notamment.

Que veut-on exactement pour l'élève ? :

- Répondre à des objectifs professionnels sous une pression sociale : cela correspond-il réellement aux besoins et motivations de ce jeune public ?
- Ne privilégier que le ludique au regard de la maturité de l'élève : cela va-t-il entretenir un intérêt constant et une motivation pertinente pour aller plus loin dans la découverte et l'appropriation d'aptitudes et d'attitudes ?

- Induire des séances de « langues » uniquement en parallèle à la structuration du langage en langue de l'école : cela ne va-t-il pas marginaliser l'ouverture générale au monde et donc à soi-même ?

Les nouveaux textes sont explicites quant aux objectifs généraux poursuivis au stade des apprentissages fondamentaux : « Ils créent les bases des apprentissages linguistiques où l'élève est amené à acquérir des connaissances dans au moins deux autres langues vivantes autres que le français, langue de l'école… ». Se dessine une logique centrée sur la langue mais on peut se demander si l'école est en mesure de remplir ce contrat. En effet, la grande section de maternelle est à l'articulation de deux cycles avec des objectifs communs.

De ce fait, que pourrait-on prendre de l'école maternelle comme objectifs communs à l'ensemble du cycle dans la perspective d'une continuité ? Les textes mettent l'accent sur le plaisir de communiquer en s'ouvrant aux autres, de mettre en synergie un métalangage opérant entre la langue de l'école et les langues autres. Le jeune apprenant particulièrement en cycle II, se meut dans une dynamique multisensorielle de l'immédiateté, du rapport affectif à l'autre, de la prise de sens dans un contexte défini issu de sa culture enfantine et donc proche de ses aspirations.

Ce cycle à la charnière des apprentissages premiers et fondamentaux repose alors sur une pédagogie différenciée où la transversalité des compétences est la clé de voûte de la construction de l'enfant pour les apprentissages présents et futurs.

Il est évident de noter que l'enfant de maternelle n'arrive absolument pas vierge de toute connaissance sur des traits culturels et linguistiques communs à plusieurs langues dont la langue de l'école. Il semble les intérioriser comme par évidence, par la mondialisation constante, comme le remarque L. Porcher (1997) :

« Il n'y a plus d'étrangeté de l'étranger. Il reste étranger en tant qu'étranger mais il est désormais à tous les coins de rue (…). L'effet des médias et des voyages, c'est déjà cela : une accoutumance à l'étranger comme un voisin ordinaire, une banalisation de l'Ailleurs et de l'Autre, une banalisation d'être

soi-même un Ailleurs et un Autre, une habitude du semblable comme identique et différent (...). »
Cependant, même si l'enfant est immergé dans un champ cosmopolite, même s'il est « exposé » à une communication interculturelle devenue un état de situation ordinaire, peut-on parler pour autant d'une ouverture à l'altérité ? Ne risque-t-il pas qu'il y ait incommunicabilité ? Tous les enfants ne s'appellent ni Andrei Makine, ni Hector Bianciotti.
Apprendre une langue-culture pour eux, n'implique aucune urgence. L'apprentissage des langues relève pour le jeune apprenant d'un défi personnel plus que d'un enjeu international. Un défi personnel car à travers ces langues-cultures, l'apprenant va poursuivre son intégration au sein de sa famille, de l'école, de ses pairs et au sein de la société.
C'est là, à notre avis que réside l'essence même de l'apprentissage des langues au cycle II.
En effet, il serait illusoire d'espérer que ces jeunes pourront véritablement établir des compétences en langues et cultures au moyen d'une simple mise à disposition d'informations, aussi élaborées soient-elles, à propos des langues-cultures visées, y compris la sienne.
Ce sentiment identitaire passe par une phase de comparaison dans un premier temps et de construction dans un second temps. Il va activer ses perceptions multisensorielles pour les intégrer aux processus d'apprentissage. Il va ensuite comparer ce qu'il voit, sent, ressent, dit et vit dans son environnement proche (la classe) et lointain et ce qu'il voit, sent, ressent, vit et dit ailleurs : « c'est comme...je suis, comme...cela ressemble à..., c'est comme moi...., c'est pareil..., c'est différent.... ».
C'est à ce niveau que s'instaure la phase de construction de savoir-faire et de savoir-être.

Si nous nous référons aux objectifs institutionnels, l'apprentissage des langues pourrait requérir quatre types de compétences :

- une compétence métalinguistique et méta-communicative : mais il faut nous éloigner dans un premier temps car à notre avis, le jeune apprenant n'a pas de motivation première, ni d'atout d'analyse pour apprendre sur les langues d'un point de vue purement théorique.

- une compétence linguistique : l'enfant nomme des choses dans les langues. Mais l'accumulation d'un lexique ne suffit pas pour exprimer le non- verbal, les affects et le non-dit socioculturel
- un compétence interculturelle : cette dimension nous semble être la première à viser en tenant compte à la fois des habitus, de l'ethnographie de la communication, des capitaux culturels reliée à la biographie langagière de chaque enfant.

Ce qui nous est central en cycle II, c'est partir de l'enfant, comme le confirme M. Abdallah-Pretceille (1996) : « Le but d'une approche interculturelle n'est ni d'identifier autrui en l'enfermant dans un réseau de significations, ni d'établir une série de comparaisons sur la base d'une échelle ethnocentrée. Méthodologiquement, l'accent doit être mis davantage sur les rapports que le « je » (individuel ou collectif) entretient avec autrui que sur autrui proprement dit »
Dans un tel contexte où l'enfant est explicitement au cœur des apprentissages la priorité est alors donnée à une construction de savoir-être, d'attitudes, voire d'une « pensée culturelle » puisque tout acte langagier s'inscrit dans un contexte de projets fédérateurs.

2- Des cultures aux langues : vers une identité pluriculturelle

Il nous semble essentiel de considérer l'apprentissage des langues au cycle II dans une vaste didactique de conquête du langage, en se positionnant en amont par rapport à la culture identitaire pour mieux asseoir les processus langagiers. Sans passer outre la nécessité d'apprentissages structurés qui s'appuient sur une démarche située au plus près des besoins, motivations et aspirations des jeunes apprenants, il est important de noter la priorité donnée à la biographie langagière de l'élève et à ses stratégies d'accès au sens.
En effet, le détour vers ce projet d'éducation aux cultures par les langues a mis en exergue une éducation plus large à la citoyenneté, à l'altérité dans le développement d'une xénité. Au travers de nos propos, nous pouvons remarquer que les enfants, au niveau même de leur constitution, se nourrissent et se construisent de par leurs origines, leur environnement physique

et humain. Ce constat s'attache aussi bien aux enfants issus d'autres cultures qu'aux enfants francophones n'ayant pas de repères stables.

Une ouverture culturelle signifie alors à l'enfant son origine, elle lui propose un principe d'identification et lui fournit des éléments de personnalité. En effet, tout comportement se trouvera interpréter, signifier selon un code spécifiquement culturel.

Dans un tel contexte de mondialisation, le jeune citoyen devra à la fois s'intégrer dans ces échanges interculturels au-delà des différences ethniques tout en préservant ses particularités et ses différences qui feront qu'il est et qu'il sera « lui ».

A notre avis, c'est ici que la diversité prend toute sa dimension de richesse et presque de survie.

Quelles conséquences pédagogiques ?

- En partant tout d'abord des centres d'intérêt dans un premier temps proche des enfants, il pourra alors être question de prendre conscience de ses modalités de vie : nourriture, habillement, occupation et loisirs, logements, langue (chants, comptines, récits…) -ceci dès la petite section de maternelle par des processus d'apprentissage spiralaire : des allers -retours constants entre l'enfant, ses spécificités et ses nouveaux contacts et interactions au sein du groupe social.
- En valorisant en classe la présence de plusieurs enfants d'origines autres qui ouvrira ipso facto à une diversité considérée comme autant de découvertes : partir du concret de la classe pour aller voir ensuite plus loin afin de mieux revenir au présent, au quotidien.
- En suscitant des passerelles socioculturelles qui tenteront de repérer les points communs et les différences de tous ordres, aussi bien comme nous l'avons vu d'ordre culturel et linguistique de façon à amorcer une prise de conscience des cultures et de leurs moyens d'expression.
- En contextualisant les compétences de citoyenneté dans une réelle démarche de discussion, d'échange non pas sur les langues-cultures mais bien au sein des cultures et des langues. Cette phase de négociation permet alors de mieux comprendre aussi bien une question, qu'une affirmation et une information. Cette découverture du monde par le fait de vivre ensemble est

une idée forte des derniers textes officiels. L'environnement proche et lointain de l'enfant change à grande vitesse et l'apprentissage systématique des langues confirme bien l'urgence à prendre le train en marche. Cependant le voyage peut se révéler périlleux si les enfants n'acquièrent pas de référence et de cadre symbolique. Cela revient effectivement au « concept d'entre-deux » de Freud (concept de Zwischenreich) qui permettrait à ce jeune public de relier les acquis extérieurs à sa construction identitaire, de se constituer « un dedans » et « un dehors ».

Ainsi un agrandissement du potentiel d'analyse, de comparaison de jugement et de créativité de l'enfant avec des explorations riches, diversifiées et complexes du type « entre-deux » permettra de travailler l'esprit d'ouverture car il y aura constamment des passerelles entre la propre langue-culture de l'apprenant et les langues-cultures autres. L'approche culturelle contrastive et comparée se révèle comme un instrument didactique indispensable dans une telle démarche d'apprentissage des langues et ceci tout cycle confondu.

3- De la diversité des projets à la structuration des compétences

3-1 Protocole d'étude

Pour appuyer nos propos en la matière, nous nous référerons à une action-recherche menée depuis trois ans dans une école maternelle d'un quartier urbain d'Evreux en Normandie. Sur les 150 enfants de l'école, seulement cinq ont une double culture. Cette action-recherche concerne toutes les sections confondues. Le projet d'école porte sur l'éducation à la diversité des langues par la diversité des cultures. Il s'ancre dans une situation de départ fédératrice à savoir les fêtes culturelles à l'école, à Evreux, en France et ailleurs.

Notre questionnement portera sur les deux classes de grandes sections à travers le projet d'école et de quartier sur les carnavals d'Evreux, de Venise, du Brésil, de Nice, de Binche (Belgique). Le projet-élève étant « Je vais me déguiser pour le carnaval des écoles ». Ce projet s'est réalisé en liaison avec deux écoles élémentaires et en liaison directe avec deux classes de cours préparatoires.

3-2 De la logique contextuelle à la construction de compétences culturelles

D'une manière générale, tous ces projets sont introduits et menés en relation étroite avec un locuteur natif pour donner une dimension réelle et humaine à la langue, la culture et la relation à l'autre prenant ainsi toute leur signification au niveau de la motivation affective et cognitive. Faute de locuteur natif, les déclencheurs furent des documents authentiques glanés au niveau d'organismes culturels, des parents d'élèves ou autres sources documentaires picturales ou audio-visuelles. Les enfants eurent à leur disposition dans le hall de l'école, lieu de passage des familles, une grande exposition thématique sur les carnavals dans le monde, sur leurs spécificités et leurs différences.

De ces observations et discussions, des groupes de travail ont été mis au point pour l'émergence des questionnements, des investigations et des déductions par formulations d'hypothèses et négociations, ceci afin de mettre en lumière les spécificités les points communs et les différences entre les carnavals. Le but recherché était de déceler une base commune à toutes ces festivités : besoin d'être quelqu'un d'autre, costumes colorés, masques, musique…

Exemple 1

E1 : « Moi, je vais me déguiser en Batman. »

E2 : « Ah, oui, l'homme chauve-souris, comme dans le film »

E3 : « Ouais, et toi Lucie tu vas te déguiser en Cinderella ? »

E4 : « Cinderella ? J'comprends pas Franz-Enno, qu'est-ce que c'est ? «

E3 : « Ben, oui, en Cendrillon, c'est comme ça qu'on dit en allemand «

E4 : « Ouais mais moi, j'suis pas comme toi, j'suis pas allemand, je vais demander à Edda[19] quand elle viendra en classe »

Dans les réactions immédiates, les enfants sont davantage préoccupés par leur propre déguisement que par les autres

[19] Edda est la maman de Franz-Enno, professeur d'allemand langue maternelle et ici intervenante bénévole en allemand

carnavals exposés. Par contre la référence au locuteur natif est réelle car porteuse à la fois de sens et de véracité. Dans la suite des entretiens, les enfants ont eu à leur disposition des déguisements dont certains reprenaient des caractéristiques matérielles de certains carnavals

Exemple 2
E1 : « Regarde, le masque du Docteur Peste »
E2 : « Ah ! Oui, c'est en Italie, comme Pinocchio[20] »
E3 : « Buon Giorno Docteur Peste »
E4: « Buon Giorno Pulcinella »
E5 : « Ah ! Oui, le Polichinelle de l'année dernière. Il a une bosse dans le dos et fait plein de bêtises... »
E6: « Est-ce que c'est lui qui voulait pas que Colombine aime Arlequin ? »
E7: « Ah ! Oui, celui avec le costume de toutes les couleurs
E8: « Le Arlichino »
E9: « Mais non, c'est Pierrot qui aime Colombine »
E10: « De toute façon, on les voit là sur les photos à Venise »
E11: « Moi, j'aime bien Venise car j'ai vu dans « C'est pas sorcier » à la télé.[21]»
E12: « On voyait la lagune, les gondoles et les personnages de la « Commedia.....quelque chose... »

On voit bien ici que les enfants n'arrivent pas vierges de toutes connaissances ou du moins d'approximations sur les cultures autres. Il faut noter que ces élèves arrivent au terme de trois ans d'ouverture aux cultures et ce dès la petite section. Ceci est aussi la résultante de leur biographie langagière, de leur capital culturel et de l'influence de la zone proximale de développement (Vygotski, 1985). Le fait de pouvoir manipuler et jouer avec des documents authentiques et à fortiori de

[20] Pinocchio est le fil rouge culturel d'une des deux classes : c'est la mascotte interculturelle qui est apparue en début d'année, en parlant italien et en apportant au fur et à mesure de l'année des référents à la langue-culture italienne. Ceci étant, il est associé d'une manière générale à une marionnette, personnage déclencheur.

[21] « C'est pas sorcier » est une émission pour enfants de télévision sur FR3

rencontrer des natifs permet une confrontation des idées et une confirmation de « savoir déjà des choses ».
Cette prise de conscience rassure et renforce les enfants sur leur propre culture et la valorisation de celle-ci au niveau du groupe classe. De juxtaposition en transfert, de négociation en déduction, les compétences acquises dans d'autres registres sont alors réactivées et réinvesties pour apporter sa pierre à l'édifice. Ce n'est pas ici une illustration d'un savoir encyclopédique mais plutôt le signe d'une convergence d'idées et d'une cohérence dans les questionnements et d'une autonomie dans la prise de décision. La langue intervient pour mieux situer la culture, pour la rendre signifiante et pour lui donner une légitimité dans sa différence.

Exemple 3
E1: « Par contre, moi j'aime bien les déguisements avec des grandes plumes, comme là »
E2 :«Ouais, c'est au Brésil, où on danse la Samba »
E3 : « Jean-Jacques va au Brésil, pour danser la samba, il va de ville en ville » ...
Chanson apprise dans l'une des classes et reprise en cœur par plusieurs enfants
E4 : « Dans le « *carnaval de Marcello*[22] », on voit le carnaval de Rio mais dans les favelas »
E5 : « Les villages étaient pauvres et Marcello n'avait pas d'argent »
E6: « On parle le portugais au Brésil, comme le monsieur qui était venu nous lire l'album de Marcello »
E7 : « Moi, j'aime pas le carnaval avec ces grands bonhommes, ils se lancent des oranges et c'est pas drôle... »
E8 : « Ce sont des Gilles, en Belgique mais bof, j'trouve pas çà super....j'aime pas...çà plait pas... »
E9 : « Moi, j'préfère vraiment Venise car les masques sont très beaux »

---

[22] *Le carnaval de Marcello*, Elène Usdin, Florence Cadier (1999) Mila Éditions. Cet album fait partie d'un défi-lecture organisé avec les classes de cours préparatoires sur l'ouverture aux cultures via les albums pour enfants

Au fur et à mesure des entretiens, des conversations entre pairs, les comparaisons s'installent avec leurs dominantes culturelles et linguistiques. L'un des impacts majeurs est de susciter ainsi une décentration intéressante dans le but de démarginaliser des langues-cultures moins répandues. Contrairement à ce que l'on peut dire dans l'apprentissage des langues et plus largement dans l'éducation aux langues-cultures et à la citoyenneté, les stéréotypes sont absolument nécessaires. Il faut les extérioriser pour mieux les dépasser et prendre alors conscience que ce ne sont que des visions partielles de la réalité, mais qu'ils en font partie (Bruner, 1996 ; Zarate, 1993 ; Byram, 1992).
Au-delà de cette décentration, c'est bien une compétence culturelle plurilingue qui est entrain de se construire et ce, sans perdre pour autant son identité et ses différences. Dans la problématique qui est la nôtre, il ne s'agit pas de construire un rapport faussé à la xénité. L'objectif est de mettre le jeune apprenant en situation de réduction de la distance subjective (Moore, 1996) qu'il étaye entre sa culture et celle qui lui est inconnue.

3-3 De la construction de compétences culturelles à la structuration de compétences langagières

Dans le cadre de nos relevés de terrain, nous avons mis en lumière la prépondérance des aspects culturels et humains dans tout apprentissage des langues-cultures avant son aspect plus formel et linguistique.
Ces différents moments de socialisation, de découverte du monde à travers soi et les autres ne nous font en aucune manière occulter la priorité de placer l'apprentissage des langues-cultures dans la perspective de la conquête du langage.
En effet, le point d'ancrage à la compréhension et à la structuration des acquis passe par les références que l'on a de sa langue maternelle, le plus souvent la langue de l'école. Les élèves de cycle II, et surtout de grande section de maternelle, sont au début du processus de conceptualisation et n'ont pas encore une démarche métalinguistique poussée et réfléchie, comme c'est peut être le cas au cycle III.

Exemple 4
Lors des rituels du matin

E1 : « Buon Giorno, Pulcinella »
E2 : « Buon Giorno, Marcello »
E3 : « Marcello, il n'est pas italien, il est brésilien »
E4 : « Et, alors, il a bien le droit de parler des langues »
E5 : « Oui, mais Pinocchio depuis qu'il est avec nous, il nous parle dans plein de langues et on comprend tout »
E6 : « Guten Tag, Pinocchio »
E7 : « Ton Pinocchio, il est comme toi, il est pas réveillé....on est le matin... »
E8 : « Alors les allemands, ils disent Guten Morgen »
E9 : « Oui, je sais, mais vous avez tous compris, alors....
E10 : « Comment on dit bonjour en Belgique ? »
E11 : « Ben, c'est comme en français »
E12 : « Le papa de Thomas, il habite la Guadeloupe et là-bas il parle français «
E13 : « Et créole.... « Bonjou » (dit avec la bonne accentuation)
E14 : « Bonjou, c'est comme Buenos Dias ou Salam..... »
E15 : « L'arabe, c'est facile....Mais j'aimerais pas vivre au Maroc car Nizar[23], il n'a pas de carnaval et pas de Père-Noel ... »
E16 : « Oui, mais il a le couscous et moi j'aime bien le couscous ... »

La langue de l'école joue un rôle comme appui dans les tentatives d'accès au sens dans plusieurs langues. S'élaborent ainsi dans des situations contextualisées, rituelles et régulières, des prises d'indices, des rapprochements linguistiques ou des mises à distance à partir de marquages issus de la langue de l'école. Il est à noter que souvent les enfants n'ont pas besoin de se référer de suite à la langue française mais passent au contraire par une autre langue pour expliciter la situation-problème : ils ont intégré les zones de proximité de sens entre les langues : c'est cette proximité de la distance qui amène les enfants à établir des transferts métalinguistiques appropriés et à structurer une certaine grammaire fonctionnelle.

[23] Nizar est un étudiant du Maroc qui a passé un mois à l'école pour ouvrir les enfants à la langue-culture arabe.

Exemple 5
Entretiens au cours d'une séquence de maîtrise de la langue en petits groupes, la consigne étant de faire coïncider les différentes graphies du vocable CARNAVAL (en français, et en plusieurs langues) avec des étiquettes représentant des personnages de carnaval avec leurs noms issus de ces diverses langues-cultures y compris le français.

E1 : « là, c'est CARNAVAL en français »
E2 : « oui, c'est bon, mais qu'est-ce qui va avec, »
E3 : « Sa majesté Carnaval, bien sûr ! »
E4 : « et celui-là, c'est aussi « KARNAVAL» (vocable prononcé avec la bonne accentuation)
E5 : « Franz-Enno, c'est pas de l'allemand ? »
E6 : « CARNEVALE » ? Tiens encore du français… »
E7 : « Ben toi, tu lis que le début des mots….c'est plus facile….mais tu te trompes…. »
E8 : « C'est comme dans la comptine d'Italie qu'on a apprise … »
E9 : « La chanson de « Volare de Pavarotti » ?… (vocables prononcés avec la bonne accentuation)

On peut noter que de langues en langues, les élèves ont acquis à la fois des compétences au niveau de la musicalité de la langue, de la reconnaissance d'assonances, de rythmes, d'accent tonique qui leur font aimer telle ou telle langue. Ainsi l'enfant est un être affectif qui entretient des relations multisensorielles avec les langues. Cette dimension est incontournable dans tout apprentissage et notamment au cours des apprentissages premiers. L'élève n'est pas seulement un apprenant « cognitif », il réagit avec l'ensemble des traits de sa personnalité qui ne s'inscrivent pas toujours dans le verbal. Les nouveaux textes le stipulent bien. Dans le cadre du premier contact avec les langues, le jeune enfant n'a pas encore suffisamment affiné ses compétences à l'analyse complexe de vecteurs sémantiques ou d'indicateurs linguistiques. Il y a alors nécessité de privilégier l'éducation de l'oreille pour intérioriser les réalités phonologiques, acoustiques et accentuelles.
Dans le cas de ce projet d'école, une très large place est faite aux activités transversales. Elles tentent de mettre en lumière

que la pluralité des supports multisensoriels engendre une pluralité de sources, de réception et donc d'intégration. Chaque enfant a ses propres canaux pour intérioriser les apprentissages et de ce fait même une pédagogie différenciée s'impose.

4- Vers une conclusion ouverte

Les nouveaux textes visant l'apprentissage des langues-cultures constituent une avancée intéressante dans la maîtrise des langages. Sa position au niveau des apprentissages premiers et fondamentaux témoigne d'un souci d'engagement social et d'intégration européenne.

Par contre, même si l'on pense aux bienfaits d'un apprentissage langagier et linguistique le plus tôt possible, il faut être très vigilant quant à la portée d'une telle démarche empirique sur de jeunes enfants. Ainsi ne faut-il ni trop en demander ni se satisfaire de peu. La course est engagée et il faut y participer. Mais cela suppose une réflexion didactique profonde sur les compétences visées, sur les évaluations exigées, sur les performances attendues. Un enfant de cycle I et II ne sera jamais un élève de cycle III ou de collège. A ce titre, un relevé précis des besoins et attentes de ce jeune public est incontournable pour mettre en exergue les priorités d'apprentissage et dessiner les lignes conductrices d'un curriculum et de sa continuité dans une cohérence de pratiques à travers tous les cycles.

Ainsi, il nous semble primordial de viser en premier dans ce type d'apprentissage des langues non pas des acquisitions cognitives mais bien une réelle démarche d'autonomie dans une construction identitaire. L'étayage entre la mise en place d'attitudes xénophiles et l'ébauche de compétences complexes car transférables nous semble gage de réussite car il est en accord avec les processus d'apprentissage mis en place par l'enfant de cycles I et II.

Compte rendu des échanges :

Dégustation de bonbons : Il s'agit d'évoquer ce que l'on ressent en les goûtant, les touchant, les sentant…

Premières impressions : on pense à l'Angleterre, à la pub, le côté british, « c'est bizarre, chocolat et menthe », « chocolat orange ». Chocolat et menthe, c'est bizarre, donc anglais.

Dégustation de biscuits.
Impressions : cannelle, clous de girofle, noix de coco, pain d'épices… Noël ! Pays nordique, Allemagne,…
Toutes ces représentations peuvent être évoquées par les enfants. Malgré tout ce que cela évoque, toutes ces sucreries ont été achetées dans un magasin de quartier. Il existe donc une proximité de l'étranger. « On a l'étranger au coin de la rue » (Porcher, 1998).
Chaque enfant viendra avec son vécu propre et il faudra le gérer avec celui des autres. Les stéréotypes issus de la famille ont également un impact non négligeable sur les dires, les comportements et les réactions de chaque enfant.
Les enfants doivent évoluer de ce fait dans un contexte, une image collective créée mais cohérente.

Apprendre une langue pour moi, adulte, qu'est-ce que c'est ?
moyen de communication
plaisir de parler autrement
plaisir physique
faire un effort
s'inscrire dans un ailleurs
ouverture d'esprit, curiosité de l'autre
accepter de ne pas tout comprendre
quand on sait-on comprend mieux / initié / puissant
ouverture sur la connaissance

Apprendre une langue pour un enfant, qu'est-ce que c'est ? (du point de vue de l'enfant)
un jeu
un moyen de communication par rapport à des populations différentes
un travail (dans la classe)
savoir lire et écrire
plaisir / vivre quelque chose
une frustration, car non-légitimité par rapport à la langue de l'école / de la maison

Pour un adulte, la langue est souvent un enjeu social (apprendre un métier, intégration, aller à l'étranger). Pour un enfant, qui n'est pas, rappelons-le un adulte en réduction, cela signifiera valoriser ce qu'il sait déjà dans sa propre langue, aller voir ailleurs ce qui se passe pour le comprendre comment il est. On n'est plus dans un registre de réussite sociale, mais sur celui d'une construction identitaire.

Dans une situation de langue de style : faire répéter à un enfant je m'appelle x dans différentes langues, que reste-t-il finalement ? Rien ! Car cela n'aura pas été inscrit dans une réalité d'enfant. Si l'on crée un enjeu (aspect ludique...), la langue prendra toute sa dimension.

Question : comment intégrer des langues dans des activités sportives par exemple ?

On se sert de la classe comme vivier. Exemple : un jeune enfant germanophone arrive le matin dans la classe (francophone) et veut proposer un nouveau jeu. Il salue tout le monde, etc. On entre dans une situation de communication, d'échanges...

L'idéal est d'avoir des natifs, mais on n'en a pas forcément sous la main. Cela n'empêche pas que l'on intègre des ensembles langagiers dans le cadre d'un jeu durant lequel une autre langue sera utilisée du début à la fin. Pensez à l'anecdote de la maman d'origine arabe invitée à l'école pour présenter une recette de cuisine et où elle ne parlera qu'arabe du début à la fin, sans jamais traduire. « Une langue ne se traduit pas, elle se comprend ». Que ce soit par les gestes, les habitus sociaux, etc. La langue arrive en dernier lors d'un processus communicatif (cf. des enfants de différentes origines et de langue différente arrivent à se faire comprendre).

Il faudrait également se servir d'un objet transitionnel pour éveiller l'attrait de l'étrange chez les enfants (image d'un extraterrestre affichée dans la classe dès le jour de la rentrée). Celui-ci connaît différentes langues... Même si le professeur ne connaît pas toutes les langues, cela n'est pas grave ! On peut passer par un natif, des cassettes...

L'éducation aux langues et aux cultures est réalisable si l'on croise énormément de choses. Les activités de langue doivent être ritualisées peu à peu. Il s'agit donc de mettre systématiquement les enfants dans une cohérence d'apprentissage, dans une logique, dans du sens, en localisant à chaque fois (planisphère...). Leur discrimination visuelle s'affine.

Cette approche ne va pas à l'encontre des textes officiels, au contraire. Au cycle 1, nous devons en effet aborder tout ce qui est de l'ordre de la discrimination visuelle (repérage de l'écrit). En d'autres termes, on prend les textes officiels et les compétences à faire acquérir aux enfants, et on les transfère, on les intègre de manière différente. Les apprenants restent dans une logique d'apprentissage, parce que l'on réalise constamment des va-et-vient entre l'élève tel qu'il est et l'autre, comment est-il ? (apprendre à connaître les autres pour mieux se connaître soi). Au fil de cet apprentissage, l'apprenant met en place des processus cognitifs qui lui permettront, tout en connaissant les autres langues, de mieux connaître la sienne (ex : les jours de la semaine en français, allemand, espagnol et anglais - lundi, Montag, lunes, Monday), ceci grâce aux récurrences de la langue, etc.

Remarque et question : Ce concept est certes judicieux, mais ne sera pas admis, ni mis en œuvre partout. En terme de compétences, ne risquons-nous pas d'avoir à niveau égal (CM1, CM2...etc.) de trop grandes disparités entre les écoles ?
Les projets de ce type ne font en général pas le poids contre la tradition pédagogique qui se veut plus rassurante. Or ce genre de projet doit être inscrit dans la durée, dans les rituels, dans une continuité. Afin d'atteindre cet objectif, il faut que ce soit régulièrement pratiqué. L'approche pédagogique se fait par rapport à l'enfant. L'erreur serait d'imposer une didactique des langues qui n'existe pas. Quel que soit le cycle, il faut en premier lieu cerner le public. L'erreur serait donc d'avoir une optique pour chaque discipline. L'enseignant doit avoir une vision de la pédagogie par rapport à l'enfant (ce qui est censé aller de soi). En ce sens, il n'y a rien de révolutionnaire. Imposer une pédagogie venant d'ailleurs nous mènerait tout droit à la catastrophe. Concernant l'évaluation en cycle1, on obligeait à évaluer des résultats (couleurs) et l'enfant ne voulait pas réagir parce qu'il avait choisi le bleu, alors qu'il aurait dû choisir le rouge. Mais il voulait du bleu ! Et à partir de là, il s'est bloqué. On ne peut pas avec des enfants de cycle 1 imposer une évaluation de savoir qui n'a rien à voir avec la psychologie de l'enfant.

Des travaux sur l'écriture avaient été réalisés en classe (maternelle). Ils sont remontés jusqu'aux origines de l'écriture pour comprendre pourquoi on écrit de nos jours de cette manière là. Un intervenant en arabe avait à ce propos traduit tous les prénoms des enfants en arabe et c'était à eux par la suite de retrouver le leur.
Il en était de même pour un travail fait sur la sorcière Babayaga. Quelqu'un est venu conter l'histoire en russe. Tout était bon à prendre et à exploiter. En maths, en français… Même si on ne comprend pas la langue, on essaie de décrypter les images, les textes. Pour en revenir au russe, le tout a été repris dans une étude sur les écritures et les alphabets. Peu à peu les élèves commencent assimilent les phénomènes graphiques par comparaison à leur propre langue et finalement arrivent sans aucun problème à retranscrire leur prénom par exemple.
Sauf que le tronc commun appelé compétences sensori-motrices, cognitives, sont celle de l'enfant à cet âge là. Le problème est qu'au lycée, tout est focalisé sur le savoir et les compétences transversales ont les a oubliées.
Un exemple :
« quand petit amoin endémen tété moin cannibali mangé moin tété / petit dodo papa pas là c'est maman tout seul qu'est dans l'embarras » (créole de la Guadeloupe)
De quoi ça parle ? « le bébé a besoin de téter… »
Les élèves ont rapidement compris et ont commencé même à interpréter le tout ! (Pourquoi papa n'est pas là ?…) le non verbal et l'affectif ont énormément servi à la compréhension. L'écrit n'a pas été utile.
On part en fait de ce qu'ils sont, pour intégrer des compétences et des apprentissages et la langue n'arrive qu'à la fin, mais la culture est déjà là.
Un an après, les élèves qui avaient fait le travail sur la langue russe ont retenu : le nom Irina et l'image de la personne. Cela était très prégnant. Des enfants en échec scolaire ont réussi à s'approprier des cultures extérieures et à progresser.
Le rôle du professeur est primordial. Il se doit de travailler dans la transversalité et la discipline.

L'EVEIL AUX LANGUES AU CENTRE DE PROJETS INTERDISCIPLINAIRES

Martine Kervran, professeur agrégé, IUFM Orléans-Tours et Laurent Técher, professeur des écoles maître formateur, académie de La Réunion

« Faisons la pluie et le beau temps » : l'exemple réunionnais Laurent Técher

Vivre un support pédagogique

Cette première étape consistait à présenter l'un des support pédagogiques élaborés dans le cadre du programme Evlang et intitulé « Faire la pluie et le beau temps ». A partir d'énoncés spontanément échangés à propos du temps qu'il fait, dans différentes langues, l'objectif est de rendre l'élève capable de :
repérer des régularités dans le fonctionnement des langues observées

- repérer que les langues expriment le temps qu'il fait de façon différente
- repérer que les diverses façons de le représenter est le signe d'un découpage différent de la réalité.

La tâche des élèves consiste d'abord à écouter, reconnaître et apparier des énoncés dans différentes langues (conversations téléphoniques à propos du temps qu'il fait). Les participants ont été invités à réaliser cette tâche et ont fait part de leurs réactions. Dans la séance suivante, les élèves sont invités à repérer la marque de la négation dans différentes langues à partir de l'écrit. Là encore, les participants ont pu vivre cette activité, en la réalisant. Les séances suivantes permettront d'abord de construire un lexique multilingue de mots clés relatifs au temps qu'il fait à partir d'une lecture sélective d'extraits de journaux. Cette activité implique la fabrication d'une carte météorologique internationale sur un planisphère à partir de bulletins météorologiques simplifiés dans des langues non connues.

Le choix des langues : une adaptation au contexte

Les éléments du cadrage d'origine susceptibles de déterminer le contenu des supports didactiques à produire étaient notamment liés à un choix de langues. Ce choix correspond à ce qui est préconisé dans le Cadre européen commun de référence, à savoir : la ou les langues de l'école (rôle de référent), les langues des pays de l'Union Européenne et quelques langues extérieures à l'Europe.

Ce support présente essentiellement des langues de la zone océan indien. Ce choix est fortement lié au contexte régional et a fortiori au contexte de la classe. A la Réunion, les langues en présence à l'école sont prioritairement le créole et le français. De nombreux élèves viennent de différentes îles de la zone, en particulier de Mayotte, dans laquelle le français est langue officielle d'enseignement mais où la population parle mahorais, d'enfants comoriens et malgaches. Quelques enfants enfin parlent les langues d'origine de certaines communautés ayant peuplé la Réunion, parmi lesquelles le chinois, le tamoul et l'arabe. La plupart des écoles de l'île connaissent ainsi une situation de plurilinguisme.

La démarche

Il s'agissait ici de dégager les différentes étapes de la démarche, telle qu'elle est suggérée dans l'ensemble des supports existants :

- une phase de mise en situation (ici : les activités d'écoute)
- une phase de recherche (ici : les activités métalinguistiques, de lecture et de création d'un lexique multilingue)
- une phase de synthèse- structuration (ici : la carte météorologique internationale)

Cette logique interne au support apparaît également au sein de chaque séance : mise en train, situation problème, exposition des observations et découvertes, synthèse des observations au tableau. La structure des séquences didactiques adoptée dans les supports Evlang et notamment dans celui-ci s'inscrit résolument dans une démarche socioconstructiviste dans la mesure où il s'agit de « faire parler pour faire construire ».

La démarche pédagogique s'appuie en même temps sur la notion de curriculum, c'est-à-dire qu'elle tient compte des paramètres suivants : les programmes (contenus en termes de savoirs, d'objectifs et de compétences), la progression : (ordre préétabli et impératif qui fournit des indications globales sur l'agencement des savoirs et des activités) et la programmation (la situation spécifique d'une classe à un moment donné). Le mot curriculum renvoie à la fois au fait qu'il rend compte d'une répartition chronologique et d'une recherche de liens interdisciplinaires. Ainsi, la création de ces supports a supposé un questionnement qui prend en compte la dimension curriculaire de l'enseignement : pour quel cycle ? Pour quel niveau ? Dans quels domaines d'activités ? Dans quels domaines transversaux ? Avec quels objectifs précis ?

Interdisciplinarité et transversalité

En prenant l'exemple de « Faire la pluie et le beau temps », on peut mettre en évidence les liens logiques entre les activités proposées et les autres domaines d'activités de l'école. La fabrication d'un lexique multilingue suppose une activité de lecture puisqu'il s'agit d'extraire des informations de documents fonctionnels. La carte météorologique internationale est à l'origine de prolongements en histoire et géographie. Les élèves se familiarisent d'abord avec le planisphère et peuvent ensuite interroger par exemple l'expansion du français dans le monde. Le repérage du morphème de la négation dans des langues non familières peut être à l'origine d'une observation du fonctionnement de la forme négative dans la langue de l'école.

Plus généralement, l'ensemble des activités proposées tend également à développer chez les élèves des attitudes positives vis-à-vis de la diversité culturelle et linguistique. L'éducation civique, l'éducation à la citoyenneté ont toute leur place dans cette recherche de liens interdisciplinaires : ouverture à l'autre, prise de conscience de la différence, acceptation de l'autre.

Au-delà de cet aspect, les activités « multilingues » développent chez les élèves des aptitudes métalinguistiques et méta-communicatives, c'est-à-dire des compétences transversales. A partir du moment où les activités proposées supposent des comparaisons, les élèves développent d'une part leurs capacités à émettre des hypothèses et d'autre part des capacités d'analyse et d'observation. Ces compétences sont au service des autres disciplines et notamment de la discipline transversale par excellence : le français, langue de l'école.

L'approche plurielle des langues et des cultures et les autres apprentissages de l'école primaire

Martine Kervran

Définition

On peut définir cette approche comme la mise en œuvre d'un travail portant - à la fois dans ses démarches et ses objectifs - sur la mise en relation entre les langues et les cultures. Il ne s'agit ni de l'apprentissage d'une seule langue particulière ni d'activités portant sur des langues successives mais bien de la mise en œuvre d'activités de découverte et de comparaison portant sur plusieurs langues (et cultures) en parallèle. Cette approche est plus connue sous le terme « d'éveil aux langues ».

Le programme Evlang

Il s'agissait de faire part aux participants de l'expérience acquise pendant les trois années du programme Evlang (1998-2001), programme Socrates Lingua, coordonné par Michel Candelier. Martine Kervran a présenté à cet effet un montage vidéo retraçant les finalités et les objectifs de ce programme, ainsi que les activités développées (production de supports didactiques, formation d'enseignants, évaluation), des témoignages d'enseignants et d'élèves et les résultats de l'évaluation (quantitative et qualitative).

Le programme Janua Linguarum / « la porte des langues » (2000-2004)

Ce projet est à la fois inscrit au programme d'activités du Centre Européen pour les Langues Vivantes (CELV/ Graz /Conseil de l'Europe) et soutenu par la Commission Européenne (Socrates Coménius). Il concerne actuellement une quinzaine de pays d'Europe. Il est également coordonné par Michel Candelier et constitue le prolongement européen du programme Evlang, puisque les objectifs en sont le développement d'attitudes positives vis-à-vis de la diversité linguistique et culturelle et la construction de compétences métalinguistiques et transversales.

En France, le projet regroupe une centaine de classes, réparties dans plusieurs régions (Auvergne, Centre, Champagne, Normandie, Provence, Région parisienne, Ile de La Réunion). Les classes participantes expérimentent et échangent des activités pédagogiques incluant des prolongements vers les autres champs disciplinaires et transversaux et visant à inscrire les activités de comparaison et de réflexion sur les langues et les cultures dans les programmes scolaires.

On ne demande pas aux enseignants expérimentateurs de suivre un « curriculum préétabli » mais de choisir et de mettre en œuvre des activités « multilingues », en liaison avec les autres domaines disciplinaires et transdisciplinaires. Pour cela, certains enseignants font figurer à l'emploi du temps des moments spécifiques à l'éveil aux langues, d'autres empruntent ces moments, alternativement, à d'autres disciplines (géographie, musique, langue étrangère, français, instruction civique, arts plastiques ...) en fonction du contenu des séances.

Certaines écoles ont inscrit cette approche au centre de leur projet d'école, avec pour axes principaux l'éducation à la citoyenneté et l'ouverture à l'altérité linguistique et culturelle.

« L'éveil aux langues » et les nouveaux programmes

Le recours à des activités portant sur diverses langues s'inscrit parfaitement dans les orientations des nouveaux programmes, aussi bien en ce qui concerne le domaine du français ou des apprentissages transversaux que dans celui propre du domaine des langues. Martine Kervran commente un document intitulé : les langues dans les nouveaux programmes de l'école primaire (voir en annexe), qui relève les points d'ancrage possible dans ce dernier domaine et la contribution que peut apporter une approche plurielle des langues à l'apprentissage des langues.

En conclusion ont été abordés les problèmes de la disponibilité du matériel et de la possibilité concrète de participation à cette expérimentation : les intervenants ont précisé qu'un projet de publication des supports Evlang est en cours et ont exposé les modalités de participation au projet « la porte des langues » nécessitant une convention de participation.

Annexe : Les langues dans les nouveaux programmes pour l'école primaire

Cycle 1: Le langage au cœur des apprentissages

L'école maternelle est partie prenante de l'effort du système éducatif en faveur des langues étrangères ou régionales (...). Elle conduit les enfants à devenir familiers des sons caractérisant d'autres langues (...). Elle utilise pour cela la multiplicité des langues parlées sur le territoire national et, plus particulièrement, celles qui sont les langues maternelles de certains de ses élèves.

Cycle 2 : Domaine langues étrangères ou régionales

1. L'apprentissage d'une langue
2. La découverte de la diversité linguistique et culturelle

Le cycle des apprentissages fondamentaux, de la grande section de l'école maternelle à la fin du CE1, crée les bases des apprentissages linguistiques. Il contribue à faire découvrir aux élèves l'altérité et la diversité linguistique et culturelle et vise trois objectifs prioritaires : développer chez l'élève les comportements indispensables pour l'apprentissage des langues vivantes (curiosité, écoute, mémorisation, confiance en soi dans l'utilisation d'une autre langue) et faciliter ainsi la maîtrise du langage, familiariser son oreille à des réalités phonologiques et accentuelles d'une langue nouvelle, lui faire acquérir les premières connaissances dans cette langue (...). Les élèves découvrent que l'on parle différentes langues dans leur environnement comme sur le territoire national. Ils sont amenés à développer à leur égard une attitude de curiosité positive (...). Selon les ressources présentes dans la classe, dans l'école ou dans son environnement immédiat, les langues parlées par des élèves sont valorisées par la présentation ou la mémorisation d'énoncés, de chants ou de comptines dans ces langues (...). L'intervention ponctuelle de locuteurs de ces langues est favorisée.

A. Compétences à acquérir en fin de cycle :

Etre capable de « reconnaître dans l'environnement proche ou lointain la présence d'une pluralité de langues et de cultures » (compétence 4)

Cycle 3 : Apprentissage d'une langue étrangère ou régionale
1 Acquisition de compétences assurées permettant l'usage efficace d'une langue autre que le français dans un nombre limité de situations de communication
2 Observation comparée de langues diverses :
L'observation comparée de quelques phénomènes simples dans des langues différentes (dont la langue française) crée chez les élèves une distance qui leur permet d'être plus sensibles aux réalités grammaticales et renforce la maîtrise du langage.

DOCUMENTS AUTHENTIQUES ET CIVILISATION, IDEES, DISCUSSION, PISTES

Jane Elliott, chargée de mission
Inspection académique de Caen.

Cet atelier a été une occasion d'échanges d'informations et d'idées concernant les documents authentiques utilisables pendant les séances de langue à l'école. Les documents ayant un intérêt culturel ont été privilégiés. En effet, les élèves de cycle 3 sont pour la plupart encore très curieux, réceptifs à la culture de l'autre et souvent davantage intéressés par l'utilisation de documents authentiques que par l'usage d'un manuel, aussi bien fait soit-il. Après une réflexion sur les notions de civilisation et de culture, les participants se sont divisés en sept groupes au sein desquels les échanges ont été nourris.
Voici les idées essentielles émises après le travail en groupes :

La culture par le concret

Il semble souhaitable avec des élèves de cycle 3 d'aborder la culture par le concret, la culture au quotidien. Habitudes de vie et traditions peuvent donner lieu à des découvertes dans une approche contrastive qui peut être étendue à n'importe quel pays d'Europe. Cette approche de la culture par le concret se traduit par l'utilisation en classe non seulement d'images, mais aussi d'objets représentatifs de la culture en question : spécialités gastronomiques par exemple, livres de recettes pour enfants, albums de jeunesse bien sûr. Beaucoup d'enseignants se tournent vers les ressources humaines locales : assistants, locuteurs natifs habitant dans la région pour se procurer des documents. Dans cette approche de la culture par le concret, il est possible de valoriser la présence dans la classe d'enfants d'origine étrangère : ex, en Allemagne, le petit-déjeuner peut être pris « à l'allemande », mais aussi « à la turque ». En Grande-Bretagne, les habitudes alimentaires varient grandement aussi en fonction de l'origine des enfants (cf. La cuisine à l'indienne ou les différents ingrédients des sandwichs en Grande-Bretagne).

Dimension culturelle et motivation

Quand une dimension culturelle est concomitante à l'acquisition linguistique, les élèves sont davantage motivés. On peut aussi ajouter que les connaissances linguistiques étant reliées à un contexte culturel, il est fort probable qu'elles s'ancrent mieux en mémoire, à la fois parce que des liens auront été établis entre deux domaines, mais aussi parce que la motivation ainsi créée constitue un facteur émotionnel positif favorable à l'acquisition des connaissances.

De l'usage des stéréotypes

L'un des pièges à éviter est de s'en tenir à une version stéréotypée du pays concerné et de ses habitants. Partir des représentations qu'ont les enfants sur les Britanniques (dans un supermarché avec un caddy rempli de bière) ou les Allemands (un verre de bière à la main...) pour leur faire comprendre que tous les individus d'un même pays ne se comportent pas de la même façon, les faire réfléchir sur la diversité des comportements au sein de la classe, du village, du quartier, peut les amener à reconsidérer leurs opinions de départ, surtout si cela se fait en parallèle avec la découverte d'autres représentants, complètement différents, de la culture en question. Il s'agit bien ici de déconstruire une image erronée pour reconstruire des représentations plus nuancées. Visionner un document authentique, même hors de leur portée sur le plan strictement linguistique, mais montrant une diversité d'attitudes et de comportements est un moyen de faire évoluer les représentations. (Ceci peut d'ailleurs déboucher sur un « jeu communicatif » où les enfants choisissent en secret de s'identifier à tel ou tel personnage; les autres doivent poser des questions pour percer le secret, une variante du jeu du portrait, mais en langue étrangère et relié à un contexte authentique).

Faciliter l'accès aux documents

Le problème crucial est celui de la disponibilité des documents. Les maîtres du primaire, dont l'enseignement de langue ne constitue qu'une partie de leurs tâches hebdomadaires, n'ont qu'un temps réduit à consacrer à la recherche de documents authentiques utilisables en classe. A l'échelon départemental, académique, voire national, il est urgent de constituer une banque de ressources. Les assistants et locuteurs natifs ne suffisent pour fournir des documents et encore moins des pistes d'exploitation des documents.
S'efforcer de lier développement des savoirs et savoir faire langagiers et ouverture sur d'autres modes de vie et traditions est un moyen de lutter contre l'intolérance.

LE DOCUMENT AUTHENTIQUE EN LANGUE ETRANGERE ET SES IMPLICATIONS DIDACTIQUES

Jacki Leclancher, formateur
IUFM de Basse Normandie.

La réflexion menée dans l'atelier s'inscrivait dans le cadre d'un apprentissage de langue étrangère au cycle 3 qui ne se substituerait pas à un éveil aux langues qui aurait était entrepris - ou non - au cycle 2. Cet apprentissage serait un aspect spécifique, développé en plus de l'éveil à mener, en relation constante avec lui. La cohérence, la pertinence et la spécificité du temps d'apprentissage d'une langue seconde serait bien sûr renforcées quand un éveil aux langues l'aurait précédé au cycle 2. L'utilisation de documents authentiques a été envisagée parmi des documents d'une autre nature, pour l'interpellation toute particulière qu'ils exercent habituellement sur les élèves, de par le sentiment de rapprochement qu'ils évoquent avec la langue étudiée et son contexte culturel.

Le document authentique :

Le groupe a tout d'abord tenté de préciser les formes multiples et diverses que pouvait prendre le document authentique dans la classe : l'accueil de locuteurs natifs, l'assistant étranger, des objets empruntés à la culture de la langue, des journaux, magazines, publicités, emballages, des extraits de chansons, interviews, films, émissions de TV, des courriers électroniques, vidéo ou sur papier, la visite des / aux correspondants,... Il pourrait aussi être défini en opposition au document didactique, comme le manuel scolaire. Cependant, de plus en plus de copies de documents authentiques illustrent ou accompagnent ce dernier, notamment des documents audio ou vidéo, quelquefois altérés, au nom d'une simplification supposée inévitable. De même, pour des raisons pratiques, on est souvent amené à travailler sur des photocopies d'une page de magazine par exemple ; on remarque que les élèves ne réagissent pas de la même façon si l'original a été présenté à tous, auparavant.

Les films en version originale sont répertoriés comme des documents scénarisés, mais qui offrent pour authenticité de ne pas avoir été élaborés à des fins didactiques pour un public qui apprend cette langue.

Bien qu'il n'aient pas été créés pour un apprentissage de seconde langue, albums pour jeunes enfants et comptines en langue étrangère ne sont pas dénués pour autant de visées didactiques dans la mise en place de la langue maternelle, et se trouvent ainsi dans une catégorie différentiable.

En quelque sorte, toute introduction de document authentique dans la classe est déjà un premier acte de didactisation qu'il faut accepter à priori.

Dans le contexte de l'atelier, les documents vidéo en version originale non sous-titrée ont été privilégiés, notamment parce que ce type de documents, qui associe message sonore et images, facilitent la compréhension par les élèves du contexte d'énonciation ainsi que d'un certain nombre d'éléments linguistiques. De plus, la recherche de documents vidéo adaptés à l'apprentissage de l'anglais en cycle 3 prend énormément de temps ; l'atelier fut une occasion pour tous de découvrir des sources nouvelles d'activités.

Maturité des apprenants et complexité du document authentique

Sont alors visionnés deux documents l'un à la suite de l'autre : d'une part un extrait de deux minutes du film « the secret garden » présentant la première rencontre de deux cousins, et d'autre part un extrait de la version vidéo anglaise tirée de l'album d'Eric Carle : « the very hungry caterpillar ».

Volontairement, les deux extraits ne présentent pas de marquages culturels bien particuliers. Les réactions s'articulent tout d'abord autour de la pertinence de l'utilisation d'une version vidéo d'un album dans une classe. Si celle ci capte habituellement l'attention des élèves, elle peut aussi favoriser chez eux une attitude de consommateurs. Elle apporte d'autre part un modèle linguistique différencié de celui du maître, de qualité, au même titre que des bandes audio peuvent accompagner des albums.

Les deux documents sont ensuite identifiés de par leurs différences. Le premier offre une conversation entre deux enfants d'une dizaine d'années, sollicitant éventuellement une identification. Certains éléments langagiers de la présentation mutuelle sont probablement connus des enfants et peuvent être repérés. C'est une utilisation de la langue réaliste pour les élèves. Le second extrait fait l'objet d'une voix off qui raconte l'histoire, sur des images faites de collages animés et colorés. Les éléments langagiers touchent à des thématiques susceptibles d'être connues : la nourriture, les jours de la semaine.

Cependant est mise en avant la difficulté que représente la quantité d'informations visuelles contenue dans ces documents. L'enseignant ne doit-il pas être spécifiquement formé à une analyse fine de la lecture de l'image pour guider ses élèves vers une compréhension des situations proposées et ainsi, de la langue également ? Que faire de ces documents dans une classe, quelles activités mener ? Les compétences transversales plus particulièrement sollicitées sont la prise d'indices visuels et auditifs, la capacité à construire des hypothèses, les vérifier, les mettre en commun, argumenter, pour donner un sens, collectivement.

Ces documents sollicitent des stades différents de maturité. « The very hungry caterpillar » est à l'origine destiné à de jeunes enfants : on le trouve souvent en langue maternelle dans les classes de cycle 1. De la même façon, beaucoup d'albums et de comptines sont des supports souvent utilisés dans les apprentissages de langue seconde. Ils font appel à une régression, source de plaisir, qui participe à la construction de la personne et des apprentissages; ils sont en général bien perçus car ils viennent du patrimoine culturel, traditionnel ou contemporain. La lecture d'un album en langue étrangère est à mettre en relation avec la place de la lecture à haute voix par le maître, en langue maternelle. Elle représente une exposition à la langue, un bain de langue, dont le support image est une aide à la compréhension globale, dans un climat de complicité sécurisante. Un risque d'infantilisation est évoqué. Il ne faudrait pas donner une image erronée de la langue étrangère : une langue essentiellement constituée de langage enfantin, dépourvue de moyen d'expression mature. Le parallèle est fait avec une pratique d'activités ludiques, traditionnelles ou non, qui nécessiterait bien souvent une réflexion plus approfondie, pour qu'elle prenne plus finement en compte le stade de développement affectif et intellectuel des élèves. Une évolution souhaitable deviendra inévitable du fait de la généralisation sur l'ensemble du cycle 3 de l'enseignement/apprentissage d'une langue. Des choix de supports mieux adaptés s'imposeront; l'authenticité ne peut plus justifier un appel à la régression systématisée même si celle-ci doit continuer à avoir une place reconnue mais bien délimitée. On constate déjà à quel point la perception de l'apprentissage peut en souffrir à l'arrivée au collège : une meilleure adéquation des supports d'apprentissage à la maturité est nécessaire pour réduire l'écart entre les pratiques CM2 / 6è et revaloriser les apprentissages de langue étrangère à l'école primaire comme au collège.

En opposition, l'extrait de « The secret garden » propose, de par la langue utilisée, un défi. L'élève se sent pris au sérieux et interpellé en tant qu'individu. Le débit de langue, un langage abondant utilisé en situation peuvent en même temps engendrer une peur, exprimée ou non, mais également illustrer que l'on peut ne pas forcément tout comprendre dans un document au même titre que l'on ne comprend pas toujours tout de sa langue maternelle. N'est-ce pas nécessaire, dès le début de l'apprentissage, de mettre à l'épreuve sa compréhension dans un va et vient entre le reconnu et l'inconnu ? A entraîner les

élèves à élucider tous les propos tenus dans les supports présentés, ne donne-t-on pas une fausse idée de la réalité d'une langue? Accepter de cohabiter avec les éléments non compris ne fait-il pas partie des attitudes incontournables pour développer des stratégies efficaces de compréhension ? La notion de complexité d'un document authentique s'en trouverait ainsi affinée .Une vraie complexité serait de proposer des documents trop éloignés des préoccupations et centres d'intérêt des enfants de cet âge.
La fréquence d'une exposition à une rapidité d'élocution et à l'abondance de langue, pourrait constituer peu à peu une accoutumance qui permettrait que l'apprenant fasse lui-même ce discernement nécessaire pour ne pas rejeter en bloc la difficulté rencontrée au premier abord.

Contenu linguistique du document authentique :
Le document visionné ensuite est un extrait de « My first Science Video » de la série Dorling Kindersley.
Il présente une expérience de mise en évidence d'électricité statique. L'image est explicite et un visionnement sans le son suffirait à la compréhension de la manipulation à effectuer. Se pose donc la question de la pertinence de l'utilisation d'une vidéo en langue étrangère si l'objectif est uniquement de découvrir une expérimentation à mener en classe. L'absence d'exploitation linguistique organisée d'un document proposé en langue étrangère semble peu envisageable par certains. Pourtant est évoquée aussi la nécessité d'apprendre à agir dans un univers différent de la langue maternelle, notamment dans des situations ou ce contexte langagier ne fait pas obstacle au succès de l'action. La langue n'étant plus alors un enjeu, le bain de langue contribue à un apprivoisement de l'apprenant habitué à fonctionner dans sa langue même quand celle-ci n'est pas la source essentielle de l'information qu'il utilise. On contribuerait ainsi à faire tomber les défenses souvent inconscientes à l'apprentissage d'autres langues et à la reconstruction d'une souplesse du cortex, peu à peu rigidifié autour de la langue première. La représentation mentale de la langue maternelle seule source de connaissance s'en trouverait ébranlée en même temps que celle de la langue étrangère objet d'étude exclusivement. L'activité scientifique ici proposée contribue

aussi à intégrer la langue étrangère au sein de l'ensemble du vécu scolaire alors qu'elle se présente habituellement confinée dans un créneau horaire défini de la semaine. Des repérages dans le langage entendu pourraient tout de même être proposés par l'enseignant quand ils ne sont pas spontanément exprimés par les élèves, d'autant plus quand une telle pratique devient familière.

Pour élargir cette réflexion, un autre document est proposé. Un extrait de l'émission « Short Change » de la chaîne de télévision BBC 2 illustre la distribution des journaux à domicile par les adolescents. Il met en parallèle l'éducation au travail salarié, l'argent de poche, les éventuelles incidences du travail sur la disponibilité aux apprentissages à l'école et sur la santé. Cette fois-ci, le contenu transmis est d'ordre culturel. Au premier abord il est ressenti comme un support plutôt destiné à des collégiens puisqu'il parle de problèmes les concernant plus immédiatement. En un deuxième temps, une place semble pouvoir lui être octroyée pour des élèves du cycle 3 dans le cadre, par exemple, de la Journée de la Protection de l'Enfance, pour accompagner une réflexion sur le travail des enfants dans le monde. Le propos peut être élargi à des préoccupations de l'école primaire, comme le poids des cartables et la santé. Le problème de société posé pourra très vite focaliser l'attention des élèves, d'autant plus que la démonstration proposée de la réaction du corps au poids porté est suffisamment explicite. La langue utilisée est sans compromis, notamment dans la rapidité d'élocution, puisqu'elle est destinée à un public de langue anglaise, des pré-adolescents et adolescents : les interlocuteurs de nos élèves lors des échanges. Les repères linguistiques sont potentiellement difficiles à identifier et se pose là encore la part d'exploitation linguistique envisageable. Cette fois-ci par contre, si le propos général peut globalement être perçu rien que par l'image, le contenu proche des préoccupations des apprenants est fort susceptible de provoquer un besoin d'aller au delà de l'image et d'entrer dans la compréhension du dit. La langue, si elle ne reste qu'une toile de fond, laissera une frustration, un vide d'information, une situation de besoin qui pourra peu à peu s'exprimer.

La langue dans ces deux documents n'était pas une cible mais un simple véhicule d'information à considérer ou non. Le contenu peut cependant être choisi de telle façon qu'il puisse également créer une demande pour que la langue soit traitée en objet d'étude, de façon à remplir plus pleinement ensuite son rôle d'outil. Le document authentique pourrait donc être simple support d'activités et d'information dans d'autres disciplines et, suivant les moments, être aussi support d'apprentissage organisé de la langue, valorisant ainsi la complémentarité de la langue objet et de la langue outil.

Prolongement de ces réflexions

Si l'étude de la langue n'est pas l'objectif premier de l'utilisation d'un document vidéo en version originale non sous titrée, exposer les apprenants à ce bain de langue signifie t-il que l'apport linguistique du document doit être laissé au hasard ? Au contraire, ne faut-il pas créer un univers inconscient de référence en langue étrangère tout comme il s'en est constitué un en langue maternelle ?

Quand l'enfant commence à parler, il a une expérience d'écoute et d'action dans un univers langagier abondant déjà bien installée. Si le développement mental et la maturité des apprenants du cycle 3 est bien évidemment à prendre en compte, ne reste-t-il pas un décalage à conserver entre l'écoute et des exigences de production, entre l'abondance de la langue rencontrée et la langue étudiée ? Le temps d'exposition à la langue étrangère reste limité dans le seul cadre de l'horaire de langue hebdomadaire. L'utilisation de documents authentiques pourrait participer à multiplier les modèles, l'imprégnation, les expériences de confrontation et de cohabitation avec la langue étrangère. Une exposition régulière à la langue étrangère ne serait pas à elle seule pour autant gage de développement de savoir-faire.

La construction des savoirs disciplinaires doit-elle passer uniquement par la langue maternelle ?

Une éventuelle absence d'exploitation du contenu linguistique nous interpelle sur notre mission d'enseignant. Nous fonctionnons essentiellement sur un a priori : sans exploitation organisée par l'enseignant il n'y aura pas d'apprentissage. Est soulevé le problème du « contrôle » que l'enseignant pense devoir exercer sur la mise en place de stratégies d'apprentissage

et sur l'appropriation de la langue étrangère par l'élève. Ne faudrait-il pas ouvrir un espace plus large pour permettre à chaque élève de développer des stratégies personnelles? L'impact du document non exploité linguistiquement est-il mesurable dans l'immédiat ? Sa contribution à l'apprentissage et la maîtrise de la langue à long terme est-elle également mesurable? Notre difficulté, voire incapacité, à établir cette évaluation est-elle pour autant une preuve de l'inutilité de telles pratiques ? Faut-il restreindre nos pratiques de classe aux démarches que l'on contrôle comme si la maîtrise d'une langue étrangère n'était qu'une mise en oeuvre consciente d'une capacité acquise à l'école de segmenter et produire de nouvelles combinatoires ?
Toutes ces réflexions, parfois en opposition, seraient à adapter à la nature des supports authentiques considérés puisque lors de cet atelier nous nous sommes limités à des supports audio-visuels. De même, la réflexion sur ces supports s'est faite hors contexte. Dans la mise en place de séquences de langue, on a en général recours à plusieurs supports, authentiques ou non, et la question de l'étendue de l'exploitation de chacun des documents est conditionnée voire délimitée par les objectifs de la séquence considérée et les compétences qui y sont visées.

L'APPROCHE NARRATIVE, UN MOYEN POUR PERMETTRE AUX JEUNES APPRENANTS NON SEULEMENT D'APPRENDRE UNE LANGUE ETRANGERE, MAIS DE S'EN IMPREGNER ET DE LA VIVRE.

Margret Sprenger, formatrice en didactique des langues au Goethe Institut de Paris.

Dans l'enseignement/apprentissage des langues, l'approche est très importante, elle l'est d'autant plus que l'on s'adresse à de jeunes enfants. L'approche narrative est fondée sur l'utilisation d'une histoire. En effet, les enfants aiment les histoires, ils vivent dans un monde où les histoires leur sont familières. Ils ont tendance à se les approprier. En écoutant des histoires en langue étrangère, ils suivent le fil de l'histoire, mais ils peuvent aussi s'approprier des éléments langagiers qu'ils entendent.

Quelques avantages de l'approche narrative

Quand ils écoutent une histoire, les élèves n'ont pas l'impression que la langue est un cumul d'éléments (couleurs, chiffres...). L'histoire renvoie à du vécu. Ils peuvent repérer des éléments linguistiques connus dans un environnement linguistique inconnu. Ils utilisent aussi des indices extra-linguistiques pour comprendre l'histoire (gestes, mimiques...), ce que nous faisons constamment en langue maternelle. Mis en confiance, les élèves savent dès le début qu'ils peuvent comprendre beaucoup. De plus, une histoire permet d'accéder à une langue et une culture authentiques. Le graphisme diffère souvent selon l'origine des auteurs. Le choix de l'histoire est crucial : Il s'agit à la fois de trouver des histoires connues dans le pays étranger et adaptées à l'âge des enfants, pas forcément très simples. Ainsi, les enfants écoutent l'histoire dans une situation semblable à des enfants du même âge dans un autre pays. Autre avantage: les histoires permettent de s'adresser à des publics de niveaux différents; chacun peut comprendre quelque chose, les élèves plus avancés continuerons d'apprendre.

Quelques conseils pratiques

L'histoire, souvent floue au départ, devient de plus en plus claire au fil du travail avec les enfants. Dans l'approche narrative, il faut beaucoup travailler l'écoute. On fait constamment appel à différents types d'écoute:

-écoute intensive, détaillée : il faut comprendre chaque information, ex : consigne, itinéraire à suivre. Cette écoute intensive est souvent liée à des actions à accomplir.

-écoute extensive : toutes les informations n'ont pas la même importance, ou quelques informations suffisent pour comprendre le sens global.

Ce type d'écoute peut être sélectif : des informations concernant une région particulière dans un bulletin météo, ou global : il suffit parfois de suivre un fil conducteur dans une histoire. En langues vivantes, dans la classe, il n'y a jamais d'écoute sans consigne. La tâche doit être claire : repérer quelques mots en langue étrangère, raconter l'histoire afin que les élèves sachent quel type d'écoute appliquer. Le fait de prendre l'habitude de repérer des éléments connus au milieu d'éléments inconnus facilitera l'adaptation en milieu naturel. En effet, la compréhension ne se développe pas au même rythme que la production. Si on insiste dès le départ pour que volume de compréhension et volume de production soient identiques, on limite le développement des capacités de compréhension.

Quelques exemples d'activités :
Repérer dans l'histoire quelques mots dessinés au tableau : table, lit, chaise... Après apprentissage de certains éléments (par ex: couleurs et vocabulaire de la maison), on distribue aux enfants un dessin de la maison. Avec des crayons de couleurs, ils indiquent la couleur de tel ou tel élément de la maison. On peut aussi préparer des dessins, des images à remettre dans l'ordre de l'histoire entendue. On peut aussi choisir quelques éléments linguistiques dans le document que l'on apprend ensuite activement par des jeux, des sketchs. Il est également possible d'inciter les enfants à imaginer la suite de l'histoire. Les enfants construisent ainsi des hypothèses qu'ils sont impatients de vérifier quand la suite de l'histoire sera découverte. Dans la même veine, on peut raconter quelques étapes de l'histoire et faire deviner celles qui manquent. L'approche narrative permet donc d'associer apprentissage linguistique et découverte d'une autre culture dans une approche à la fois globale et sélective qui permet à tous les élèves de s'impliquer. La connaissance qu'ont les élèves de la trame des histoires du même type dans leur langue maternelle peut d'ailleurs leur faciliter grandement la tâche de compréhension.

MUSIQUE, DANSE ET LANGUES ETRANGERES

Diana Lee Simon, Maître de conférences, IUFM de Grenoble

Les animateurs de cet atelier étaient Hervé Andéol et JacquesVidal, professeurs de Musique dans l'académie de Caen. Les ateliers musique et danse ont été très astucieusement jumelés pour accueillir les nombreux participants intéressés par les deux et harmonieusement co-animés par Henri Andéol et Jacques Vidal respectivement, avec le concours de John et

Mary d'Angleterre pour la démonstration vive des « contredanses anglaises ». Cette fusion d'ateliers a permis un travail très riche et intéressant sur l'apport de la musique aux langues étrangères et sur l'apport des danses collectives traditionnelles à l'appréhension festive d'une culture et de pratiques sociales étrangères.

Déroulement de l'atelier :
Séance 1 :
Après une présentation par chacun des animateurs, cette séance a porté essentiellement sur les danses. J. Vidal explique que les « contredanses anglaises » traditionnelles, encore bien vivantes dans la société anglaise aujourd'hui sont faites pour que les gens puissent se rencontrer, se connaître. Elles présentent une grande richesse : 900 danses codifiées et décrites. L'animateur propose aux participants de leur faire apprendre quatre ou cinq de ces danses. L'objectif est donc de construire soi-même une « contredanse » à partir de quelques danses apprises, de faire exécuter ces danses par les participants et de filmer cette activité pour produire un Cd-Rom. La suite de la séance est d'ordre très pratique et les participants entrent dans la danse aux appels du « caller », John, qui apprend aux participants aussi bien les pas de danse, que les mouvements qui décrivent diverses figures, le tout en langue anglaise. Côté langue étrangère, c'est l'anglais qui sert d'outil pour l'apprentissage des règles de ces danses, des pas et des figures et aussi des formules sociales d'invitation à la danse. Cette pratique concrète de la danse suscite beaucoup d'enthousiasme de la part des participants qui s'y mettent avec élan.

Les « contredanses apprises » :
« May Day Gallop »
« Nervous Breakdown »
« Haste to the Wedding »
« Cumberland Square Eight »
« Circacian circle »

Séance 2 :
C'est la musique qui est privilégiée pour la deuxième séance avec en particulier un travail important sur l'écoute et sur la

voix. Il s'agit d'une écoute de la musique pour repérer des rythmes et la structure musicale (binaire ou ternaire) et aussi de repérages d'une phrase musicale avec question-réponse et refrain. On souligne l'importance de l'écoute en musique comme dans la communication humaine. Cette écoute doit être active au niveau de l'implication du corps pour percevoir l'accentuation, les rythmes et les mouvements. Divers exercices sont pratiqués par le groupe afin de sentir avec son corps ces particularités rythmiques. Suit un travail très riche également sur la voix, comme moyen de marquer ces rythmes à partir de la chanson « Temporal » de Puerto Rico en espagnol et de l'apprentissage d'un « canon swing », « Doo ba ».

Séance 3 :
Cette dernière séance a permis de consolider le travail sur l'écoute et la voix à partir d'un travail axé sur le rythme, le tempo et la voix avec accompagnement musical. Divers instruments de musique confiés aux participants ont donné des tonalités très particulières à ce travail polyrythmique complexe du groupe. Côté danse, il s'agissait de parfaire la répétition de la création en danse de l'atelier et de faire filmer cette production pour le Cd-Rom. Un travail complémentaire important portant sur la didactisation de ces danses à partir de documents a permis aux participants de les enregistrer et les inscrire dans leurs répertoires de pratiques disponibles pour la formation des enseignants ou directement pour les enfants à l'école primaire. La séance s'est terminée par un important travail bibliographique comprenant :

- Liste des sites musicaux
- Références musicales
- Bibliographie
- Discographie

Une réflexion plus approfondie a été menée par l'ensemble du groupe sur les apports de la musique et de la danse à l'apprentissage d'une langue étrangère à l'école, suite au vécu de ces trois jours d'ateliers.

Fruits d'une réflexion sur l'apport de la musique et de la danse à l'apprentissage des langues

Les apports au niveau de la réflexion des participants à l'issue de cet atelier ont été recueillis et synthétisés oralement par Françoise Delpy du Nord Pas de Calais, et couvrent les points repris ci-dessous :

L'atelier a fonctionné comme une mise en situation d'apprentissage. Vivre un apprentissage avec nos corps s'avère une approche efficace par rapport aux retombées.

Danse et musique vont vraiment très bien ensemble. Par ailleurs l'articulation danse/musique/langue implique un travail à la fois interdisciplinaire et réellement transversal avec l'ouverture d'un espace culturel. L'atelier permet d'envisager des retombées pour les cours des formateurs et des enseignants. Faire danser les élèves permet d'agir de manière intéressante et efficace sur leurs représentations et ouvre des pistes de travail riches. Le rôle capital du rythme dans l'apprentissage d'une langue peut être bien ressenti et vécu à travers la musique. Les danses amènent une dimension importante au niveau de la communication non-verbale (gestes, mouvements, regards, proxémique) et permettent aussi de multiplier les situations de communication en fonction de l'appel du « caller ». Elles ont ainsi une fonction importante de socialisation.

Plusieurs objectifs se dégagent de ce travail et nourrissent tout travail en langue:

Développement de compétences transversales, comme l'écoute notamment

Ouverture culturelle et une dimension interculturelle

Entraînement à la prise de risque - on a droit à l'erreur

Donner du plaisir par l'activité elle-même agit fortement sur la motivation

Développer différentes valeurs humaines :

- resocialisation
- tolérance
- aide à l'intégration
- briser le machisme

Danse/musique/langue nourrit également les objectifs d'éducation physique et sportive (EPS) avec les dimensions transversales de la spatialisation et la latéralisation.

Deux approches se sont dégagées du travail mené en atelier :

Un centrage sur la langue où les autres disciplines oeuvrent au service de la langue

Un centrage sur d'autres disciplines où les langues ont leur place, parfois comme langue outil

Un compte-rendu a ses limites : aucun écrit ne peut rendre compte de l'apport très riche du vécu de cet atelier parfaitement co-animé et de l'enthousiasme et de l'engagement des participants à tous les niveaux.

Pour poursuivre avec les petits et grands...

« Le livre des mixers » (+ Cassette), publié par l'ADP (atelier de la danses populaire) : 37 rue de Belfort, 94700 Maisons Alfort, Tél : 01 43 78 69 45.

Mode d'emploi des contredanses avec changement de partenaire, une centaine de contredanses de toutes sortes, clairement expliquées, accompagnées d'une cassette avec une vingtaine de musiques variées pouvant convenir à toutes les formations de danses.

CRDPs et CDDPs

Collection « rythmes et jeux ». Série « Danses de .... »

Le nombre de pays cités est impressionnant ainsi que le travail de description des danses. Ces danses sont très adaptées pour les enfants mais le point faible vient des musiques, dont la qualité d'enregistrement, sur disque vinyle, a beaucoup vieilli pour les oreilles d'aujourd'hui. On peut donc reprendre les chorégraphies et chercher des musiques plus récentes.

Plus récemment :

Publications des « Francas » : Fichier + cassette « jeux dansés et rythmés du folklore ».

« Dansez l'Europe » + Cd, édité chez Fuzeau.

« Folk sales »

Derek & Ann Appleing, 55 Arle road, Cheltenham, Glos. GL51 8LA, Tél : 01242 692243.

Distributeurs anglais au catalogue très complet. Vous trouverez chez eux des recueils de danses et de très bons Cd. Nous vous recommandons celui-ci :

« Welcome to the dance », double Cd : 41 musiques de danses de très bonne qualité.

Pour la pratique personnelle… :
« La contredanse anglaise » par Cécile Laye
Cours, stages, bals, spectacles, 10 villa d'Este 75013 Paris, Tél. : 01 45 70 83 94, http://chestnut.cda.free.fr
Pour apprendre les règles de l'art, dans le plus pur style anglais : « Famdt » (fédération des associations de musiques et danses traditionnelles), elle a pour but de « promouvoir, coordonner et diffuser les actions de recherche, expression, création, formation et éducation permanente ou populaire menées dans le domaine des musiques et danses traditionnelles ». Elle fait l'objet d'une convention spécifique avec le Ministère de la Culture, Direction de la Musique et de la Danse.Sur demande, elle vous transmettra son catalogue de publications (livres et Cd).
Famdt Editions : La falourdière, 79380 St Jouin de Milly, Tél : 05 49 80 82 52
« Trad'mag », c'est la célèbre revue des « folkeux », à laquelle toutes les bonnes médiathèques sont abonnées, où vous trouverez en particulier un agenda de toutes les manifestations bals, stages, concerts dans toute la France sur les 2 mois en cours.

Pluridisciplinarité / interdisciplinarité
LVE ……ARTS PLASTIQUES

Gilbert Jacques Gachet, professeur d'arts plastiques,IUFM de Basse Normandie

Descriptif

Pluri/trans et ou interdisciplinarité[24] constituent à l'école élémentaire des modalités de fonctionnement pédagogique particulièrement recommandées et souvent efficaces. Il y a dans la pluridisciplinarité du fait de l'histoire de l'école comme du fait de la polyvalence du maître, la certitude acquise depuis longtemps par les enseignants du premier degré, qu'il y a dans ces approches pédagogiques une complémentarité et une source d'enrichissement disciplinaire mutuel dont ils ne peuvent faire l'économie et ce pour le plus grand bénéfice des élèves qui leurs sont confiés.

Dans le panel des disciplines enseignées à l'école élémentaire, les arts plastiques (devenus maintenant arts visuels) occupent une place de choix au regard des enjeux de la pluridisciplinarité. L'imaginaire encore bouillonnant des enfants, leur goût pour le dessin, pour les images... placent les arts visuels comme partenaire privilégié de toute action pluridisciplinaire qu'elle qu'en soit l'autre ou les autres disciplines en jeu.

Par ailleurs, on n'oubliera pas que 83% des messages d'apprentissage sont des messages visuels (F.H Gunther. 1969).

Parmi les compétences devant être acquises par les élèves en fin de cycle III, certaines sont explicitement des compétences qui seront mobilisées dans des activités pluridisciplinaires.

- décrire une image: l'activité renvoie aux arts plastiques mais, du fait de la contextualisation de l'image, l'activité interroge également le domaine culturel: une image de Big Ben

---

[24] Si ces trois hypothèses de travail : pluridisciplinarité transdisciplinarité et interdisciplinarité ne sont pas identiques mais ont des caractéristiques bien spécifiques et connues des enseignants. Pour la commodité de la rédaction, nous utiliseront de manière générique le terme de pluridisciplinarité pour désigner l'ensemble des trois modalité de travail. Chaque terme pouvant être pris séparément et expressément précisé dans son acception lorsqu'elle sera spécifique

renvoie à l'architecture mais également aux repères sociaux britanniques.

- s'exprimer sur une oeuvre, justifier de son point de vue... argumenter,.réinvestir dans d'autres disciplines les apports des arts visuels.

Les compétences de communication propres à l'apprentissage d'une LVE se retrouvent dans les activités menées avec les arts visuels, d'où une forme de partenariat privilégié apte à potentialiser les objectifs propres à chacune des deux disciplines.

Au fil de l'atelier, trois domaines particuliers ont semblé devoir être privilégiés:
L'image fixe, l'image en séquence et l'image animée.
Ces trois champs d'investigation, apparemment propres aux arts visuels, nous semblent particulièrement susceptibles de servir de base à des activités pédagogiques pluridisciplinaires sans hypothéquer l'identité propre de chacune des autres disciplines.

- l'image fixe: elle doit être étudiée à l'école. La très importante phase de description (trop souvent négligée à nos yeux pour cause d'une fausse hypothétique transparence de sens -beaucoup d'enseignants négligent l'aspect polysémique de l'image) concourt à l'acquisition d'un vocabulaire technique puis culturel de par la contextualisation de l'image.
- l'image en séquence: la profusion des « comics strips » anglais, le goût des enfants pour la bande dessinée, doit permettre de se constituer aisément un corpus documentaire et culturel particulièrement riche. La multiplicité des exercices pédagogiques possibles doit permettre d'investir, au plan linguistique, des verbes d'action indispensables à toute explicitation de situation de communication.
- l'ellipse, (Que se passe t-il entre deux vignettes ?) caractère spécifique de la bande dessinée, ne sera pas négligée car elle sera source d'interrogations fructueuses.
- l'image animée cinématographique: à un tout autre niveau que l'image fixe, l'image cinématographique est porteuse d'éléments iconographiques et culturels plus riches et plus complexes à comprendre que la simple bande dessinée. La méfiance face à l'image animée doit être très grande car, contrairement à une idée répandue, la compréhension d'un film

par un enfant de cycle III est très inférieure à ce que l'on croit: sa perception est très fragmentaire, anecdotique et superficielle (travaux de Zazzo). Par ailleurs, cette activité est rapidement chronophage. La langue utilisée dans un film constitue au départ un choix non négligeable: VO? VF? Les situations de communication, seront naturellement plus complexes et borneront probablement les limites de ce qu'il est possible de faire en cycle III.
On ne retiendra pas pour ce moment les images de télévision car l'expression est beaucoup trop vague à nos yeux et recouvre une trop grande variété de genres possibles. Si les spots publicitaires ont pu parfois être utilisés, ils ne présentent pas, nous semble-t-il, la garantie d'homogénéité pédagogique dont l'enseignement du premier degré a besoin. Et il y a déjà beaucoup à faire... « On demande toujours des inventeurs », dit Geneviève Jacquinot de l'Université de Paris VIII.

Compte rendu de l'atelier

Il convient au préalable de noter que le groupe de stagiaires qui avait choisi cet atelier était composé de collègues très différents : professeurs des écoles, formateurs, inspecteurs... représentant eux-mêmes des langues différentes (anglais, allemand, italien, espagnol...), mais tous étaient animés d'une véritable volonté de découverte et de travail, enthousiasme qui ne s'est pas démenti au fil des heures passées ensemble.

L'image fixe

Les cursus différents des différents participants, non spécialistes de l'image, ont nécessité de positionner un certain nombre de repères théoriques afin de clarifier des notions et d'harmoniser les savoirs.

Quelques repères théoriques

Les travaux sur l'image fixe trouvent leur premier ancrage théorique dans les travaux de Barthes. Ces travaux permettent entre autres de distinguer les fonctions de l'image issues de la dénotation et de la connotation.
Cette différenciation peut prendre la forme du tableau suivant :

Fonctions de l'image	
Dénotation	Connotation
Illustration	Esthétique
Narration	Poétique
Information	Ludique
Documentaire	Culturelle

Les éléments ici indiqués ne constituent nullement une liste exhaustive mais des éléments importants indispensables à l'analyse de l'image. Quelques images montrées à titre d'exemples permettent d'illustrer brièvement chacune des fonctions indiquées ; ainsi chaque participant peut mettre en perspective les images qu'il/elle utilise dans ses pratiques pédagogiques au regard des catégories ici dégagées.

Il est ensuite rappelé qu'une image est rarement monosémique, le plus souvent polysémique et parfois même pansémique. Une fois encore quelques examens rapides d'images permettent d'expliciter ces notions.

Un exercice rapide de lecture d'images sous la forme très simplifiée du « pisteur de regard « permet à chacun de prendre conscience qu'une image fixe n'est jamais lue, contrairement à une croyance largement répandue, comme un texte. Elle est au contraire une découverte visuelle personnelle et totalement individuelle. Plusieurs personnes peuvent parcourir des yeux la même image sans y voir forcément exactement les mêmes choses. Il y a donc lieu, en termes de pratiques pédagogiques, d'être prudent lorsqu'on livre une image au regard des élèves. Toute image nécessite à minima une mise en commun, c'est à dire un discours partagé sur, avant d'être exploitée.

La lecture de l'image fixe nécessite pour sa compréhension par le maître (elle n'est pas l'objet de l'étude en classe de langue) la connaissance d'un certain nombre d'indices signifiants que l'on peut avec intérêt mettre en parallèle avec les indices textuels (déictiques) ; les listes ici proposées ne sont pas exhaustives.

indices de l'image fixe	indices textuels
cadrage	syntaxe
iconicité (ressemblance)	mots
proxémie (organisation)	ponctuation
technique de réalisation	typographie
couleurs	adverbes
etc.	etc.

Enfin il apparaît très vite comme important de pointer que l'image ne possède aucune transparence de sens et que son sens, si elle en possède un, est à construire. C'est au spectateur de formuler des hypothèses quant au sens de l'image et d'aller « voir dans l'image » s'il existe des éléments qui valident les hypothèses. On relira avec profit l'abondante littérature sur ce sujet et en particulier l'ouvrage de Roger Odin : Cinéma et production de sens.
Forts de ce travail de réflexion préalable, les stagiaires se sont ensuite regroupés par deux ou trois, soit par centre d'intérêt linguistique, soit par centre d'intérêt culturel pour ensuite élaborer un document pédagogique.

Un exemple : Exploitation du tableau de Picasso «Paul en Arlequin»

Notre objectif principal étant de lier étroitement le linguistique et le culturel, et de favoriser la transdisciplinarité dans l'enseignement de l'espagnol, nous avons choisi d'élaborer une séquence à partir d'un tableau de Pablo Picasso qui nous paraissait susceptible de plaire à des enfants, et facile à intégrer dans une progression lexicale. Il s'agit de Paul en Arlequin, peint en 1924.
Ce travail pourrait prendre place en février et s'inscrire dans un projet plus ample autour du Carnaval. A cette époque de l'année, les enfants ont appris à se présenter et à présenter, à poser des questions et à y répondre succinctement, ils ont abordé l'expression du goût (le verbe gustar qu'il est nécessaire de réactiver le plus souvent possible) et le lexique des couleurs. Ces points forment les prérequis de ce projet.

Première séance :

a – L'enseignant commence par réactiver le lexique des couleurs par des questions-réponses simples, en groupe-classe, puis par deux ou trois élèves :

- ¿ De qué color es tu pantalón ? ¿ tu libro ? ¿ tu cuarderno ?.....
- ¿ Cuál es este color ? (en montrant des feuilles de couleur différente)
- ¿ Es blanco tu pantalón ? >>> Si / No... es / no es blanco ......

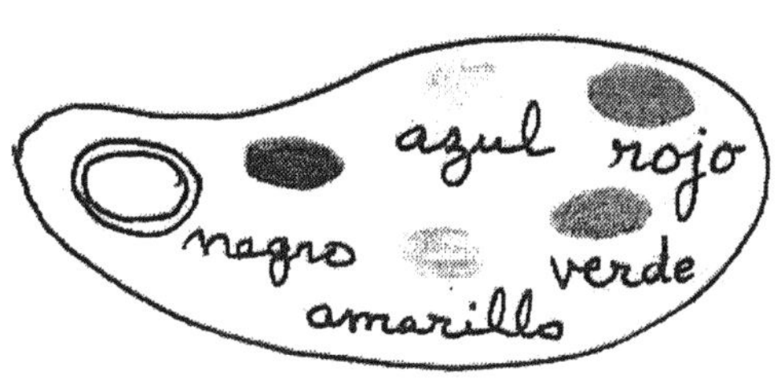

b – Ensuite, il leur demandera leurs goûts en matière de couleur.

- ¿ Cuáles son los colores que te gustan más ?

>>> Me gusta / gustan...

et il leur fera réaliser une palette avec leurs couleurs préférées, en inscrivant le mot en dessous.

c – Enfin, cette séance se terminera par un travail d'expression orale un peu plus ouverte avec une série de questions sur les associations d'idées qu'entraînent les couleurs :

- ¿ Para ti, qué evoca el color verde / azul / amarillo ... ?

>>> Para mi, el azul evoca el cielo / el mar / ...

Pour pouvoir répondre, les élèves disposent du lexique qu'ils connaissent déjà, mais si leur demande s'oriente dans une autre direction, l'enseignant leur fournira, au fur et à mesure, le lexique dont ils auront besoin. Il pourra également leur faire réaliser un travail d'art plastique en rapport avec leurs évocations :

>>> un soleil jaune, une herbe verte, etc.

Deuxième séance :

a – À l'aide de cartes illustrées, l'enseignant fait travailler le lexique du corps (cabeza, cuerpo, brazos, manos, piernas, pies), puis il distribue aux élèves une silhouette décalquée de « Paul en Arlequin », et les éléments du corps tels qu'ils sont

représentés sur le tableau. Ensuite, il nommera ces éléments, les fera répéter par les élèves qui les placeront et les colleront au fur et à mesure sur la silhouette.
b – Chaque élève coloriera à son idée le personnage reconstitué puis il le présentera en lui attribuant un nom et un âge (réactivation de « se llama », et de « tiene »), et en montrant les couleurs du costume, ce qui permettra d'introduire l'expression : viste de… (il est habillé en…).
c – L'enseignant présentera alors le tableau de Picasso avec son titre (sous forme d'affiche, de transparent…). Il demandera à quelques élèves de répéter l'exercice précédent : >>> Se llama Paul, tiene… años, viste de azul y amarillo.
Il pourra également demander à quelques autres s'ils aiment ce tableau (réactivation de « gustar »).

On peut envisager une troisième séance, plus tournée vers l'art plastique :
a – A l'aide d'un livre pour enfants sur Picasso (il y en a plusieurs, le Picasso édité par Gallimard-jeunesse, par exemple), l'enseignant présente un parcours simplifié de l'itinéraire artistique du peintre. A chaque œuvre un peu importante, on peut réactiver l'expression du goût : Me gusta / no me gusta…
b – On pourra expliquer succinctement quelques uns des aspects du cubisme et faire réaliser un tableau « cubiste » aux élèves. Pour cela on leur donnera une photocopie représentant le même visage de différentes tailles, ou différents visages, vus sous des angles différents. Les élèves relèveront en transparence des éléments dissociés sur une feuille jusqu'à ce qu'ils puissent les relier pour faire un ensemble qu'ils colorieront, ou peindront ensuite. On peut aussi réaliser un travail similaire à base de collages, à partir de magazines ou catalogues.

Un exemple : exploitation du tableau de Claude Monet, « les terrasses du Havre »
Transparent de la reproduction de C. Monet
Cache correspondant aux éléments du tableau
Reproductions de tableaux de :
Léger : les loisirs
Pablo Picasso : les baigneuses

Objectifs linguistique : fonction langagière : localiser, décrire (en rebrassage)
les structures: where/wo
lexique :
rebrassage du lexique des vêtements et de la famille
nouveau: les prépositions in/ under /on /a
phonologie : en fonction de la langue

interdisciplinaire :
arts plastiques : apprendre à regarder, pour identifier différents styles
histoire : les époques

Démarche : découverte progressive du tableau et travail en langue étrangère
1. Par un système de cache, on découvre d'abord le drapeau français (cache n°1)
Les élèves émettent des hypothèses.
2. Puis on découvre le cache n°2 qui fait apparaître un bateau.
At sea
On peut faire des suppositions sur les personnages...Who ? (rebrassage: famille)
3. Le cache n°3 dissimule un personnage assis dans un fauteuil.
Qu'est-ce qu'il fait ? Il regarde (be -ing description)
4. le cache n°4 nous fait découvrir un couple.
En pairwork : construction d'un dialogue qui peut être présenté à la classe.
Activités d'arts plastiques
5. Découverte de tout le tableau.
6. On donne des personnages découpés dans d'autres tableaux. Les élèves doivent dire s'ils sont pertinents par rapport au style du peintre. Est-ce que ces personnages sont du même peintre ? On utilise des personnages de Renoir, Bruegel, Goya, Millet...

Travail en langue
1. Une fois les personnages éliminés, le travail sur les localisations à partir des personnages pertinents commence. En jouant avec le rétroprojecteur avec le groupe classe, par groupe

de deux avec une photocopie, on place les personnages selon les données.
2. Ou alors : les enfants localisent un personnage. Les autres trouvent qui est ce personnage.

On conviendra qu'ici le travail proposé interpelle plusieurs champs d'activités pédagogiques: si un travail suivi et régulier en arts plastiques au cycle III permet de penser que le mouvement impressionniste est très probablement bien connu des élèves, ce n'est sans doute pas le cas de cette œuvre; néanmoins, ce tableau ainsi que ceux de Léger et de Picasso qui seront utilisés en comparaison méritent d'être découverts. L'argument cependant ne suffit pas.
Les collègues qui ont élaboré cette fiche ont privilégié l'axe culturel parce qu'il est un bien commun à tous les enfants et parce ces tableaux sont presque universellement connus... quelle que soit la langue et donc la culture considérée, au moins en Europe. Par ailleurs, leur approche pédagogique très progressive (le jeu des petite fenêtres qu'on ouvre) permet à chacun une découverte pas à pas des contenus de l'image; ceci évite la dispersion extrêmement préjudiciable à la communication, compte tenu des possibilités linguistiques limitées des élèves de cycle III.
On pourra également se souvenir de l'excellent travail réalisé par les collègues italianistes d'étude comparative de trois images de Pinocchio issues des couvertures de trois éditions différentes du célèbre livre. L'étude comparative portait autant sur le fond que sur la forme des images et a semblé particulièrement riche.

L'image en séquence:
Rappels théoriques

L'image en séquence présente des caractéristiques bien différentes de celles de l'image fixe et en particulier celle de prétendre, en quelques vignettes, raconter une histoire avec un début, un déroulement, puis une fin. La finalité humoristique est rendue plus prégnante par la représentation à minima des personnages. Le décor, lui aussi, doit être absent ou minimaliste afin de ne pas nuire à la lecture et à l'interprétation. On peut donc envisager de faire dessiner aux élèves certaines vignettes.

D'autre part, la connaissance de la structure de base d'un récit faisant partie des connaissances à acquérir à l'école primaire, l'image en séquence trouve tout naturellement sa place dans les activités interdisciplinaires LVE, arts plastiques, français, qui peuvent être mises en place en cycle III.
L'image en séquence présente deux énormes avantages par rapport à d'autres référents pédagogiques :

- l'on en trouve facilement dans la presse et dans la presse anglo-saxonne en particulier : ce sont les célèbres comic strips
- on peut facilement inviter les élèves à en dessiner. Au cycle III, les élèves doivent avoir acquis au cours des différentes leçons d'arts plastiques une bonne maîtrise des outils de dessin

L'image en séquence offre alors deux pistes d'études parfaitement complémentaires :

- la découverte de comic strips et notamment les activités langagières liées à la description; y compris la description des actions menées par les personnages en actes. Outre les aspects linguistiques, une des activités visée sera d'ordre culturel : les comportements sociaux, les traits d'humour, etc.
- l'élaboration d'une bande d'images en séquences impliquant des procédés simples de dessin permettra aussi à l'élève d'utiliser ses connaissances linguistiques.

La conjugaison des deux dispositifs permet une mise en place aisée de mini projets dont les finalités multiformes ont largement séduit les stagiaires. En effet, les images séquentielles offrent une grande multiplicité d'exploitation :

- pour favoriser les échanges oraux, on peut anonymer le texte, à l'exception des onomatopées.
- pour travailler la compréhension écrite, on peut demander aux élèves de fabriquer / réaliser les vignettes à partir d'un texte donné.
- dans le cadre de l'expression écrite, on optera pour le chemin inverse : à partir de vignettes données, les élèves imaginent le contenu et complètent les bulles.

Exemple de mise en application dans une séance de langue vivante :
A partir d'un même support de vignettes, plusieurs approches sont proposées en fonction du niveau des élèves.
Objectif de séquence : Projet d'interprétation d'une saynète.
Elément culturel : relations de civilité au téléphone en Grande-Bretagne (ou ailleurs)

Proposition d'exploitation du document en Cycle 3 - niveau CE2
Compétence travaillée : expression écrite.

- étape 1 : Distribuer les vignettes découpées avec les bulles vides.

En pair-work, les enfants réorganisent les images séquentielles à leur guise et proposent un scénario dans la langue de l'école.

- étape 2 : Présentation des différents scénarios à l'ensemble de la classe. Ce travail est l'occasion d'expliciter les fonctions de dénotation / connotation de l'image et de travailler la structure du schéma narratif.
- étape 3 : On distribuera à nouveau les vignettes découpées mais cette fois-ci avec le texte. Réordonner les images séquentielles.

Proposition d'exploitation du document en Cycle 3 - niveau CM1

- étapes 1 et 2 : voir § 2.1
- étape 3 : Proposer les vignettes dans l'ordre (bulles vierges) et le texte à côté. Remettre le texte dans les bulles correspondantes.

Proposition d'exploitation du document en Cycle 3 - niveau CM2

- étapes 1 et 2 : voir $ 2.1
- étape 3 : Les élèves écrivent ensuite les dialogues afin de compléter les bulles.

L'image animée : le cinéma
Le cinéma bénéficie d'une grande aura auprès des collègues enseignants. Pour de multiples raisons qui seraient beaucoup

trop longues à analyser ici, il semble bien fondé d'associer le cinéma à l'école mais une longue expérience montre que le sujet est beaucoup plus complexe qu'il n'y paraît.
Un très long moment de l'atelier a consisté à repérer quelques préalables à l'utilisation du cinéma dans un cadre pédagogique.

1. En tout état de cause, le cinéma ne peut pas être l'objet des apprentissages puisque ce sont les différentes langues vivantes étrangères qui le sont. Il convient donc de ne pas s'égarer même si, et chacun en convient aisément, l'intérêt d'un film comme vecteur de diffusion de la culture d'un pays est indéniable.
2. L'objet « film » est un ensemble d'images et de sons entremêlés qui ne se laissent pas appréhender aisément, Jacques Aumont dans son ouvrage « l'analyse des films » préconise de voir un film au moins trois fois avant de commencer à travailler dessus. On voit tout de suite qu'une telle exigence hypothèque pratiquement toute exploitation pédagogique d'un film car le temps est compté, à l'école comme ailleurs. La solution pourrait consister à n'utiliser qu'un extrait de film, mais elle n'est pas vraiment satisfaisante. Une meilleure solution est de choisir des films courts métrage d'une durée voisine des 15 à 20 minutes ce qui facilite grandement visionnement et revisionnements.
3. Contrairement à une idée très largement répandue, les élèves peinent beaucoup à comprendre un film. Les chercheurs Bianca et René Zazzo l'ont largement démontré.
4. De manière simpliste certes, mais de façon à éviter de rentrer dans des débats théoriques qui auraient largement dépassé l'objet de la rencontre, il a été convenu de dire que comprendre un film, c'est trois choses : connaître les éléments constitutifs, connaître les relations qui les unissent, savoir en rendre compte.
5. Un autre aspect des choses a été évoqué, il s'agit de la disponibilité d'un corpus de films libres de droits d'exploitation pédagogique capable de satisfaire les demandes des différentes langues enseignées à l'école. Il y a bien dans les CRDP un certain nombre de documents filmiques mais leur nombre est limité. Nous en avons cité et regardé quelques uns afin de permettre à chacun des stagiaires de se rendre compte des possibilités offertes par ces films.
6. Enfin au plan, purement pédagogique, que faire avec un film ? La littérature sur ce sujet est à peu près vierge de tout écrit, il faut donc inventer.

Des pratiques pédagogiques longuement répétées tant en classe de CP qu'en classe de cycle III nous ont permis d'acquérir à la fois une expérience et une pratique dans ce domaine. La première chose sur laquelle nous avons attiré l'attention des stagiaires est le changement de posture indispensable auquel il nous faut procéder. Dans le cadre de la classe, une simple relation duale enfant / cinéma ne peut suffire. Nous avons suggéré que pour l'enfant le cinéma ne soit plus seulement une source, mais davantage, selon le schéma suivant :

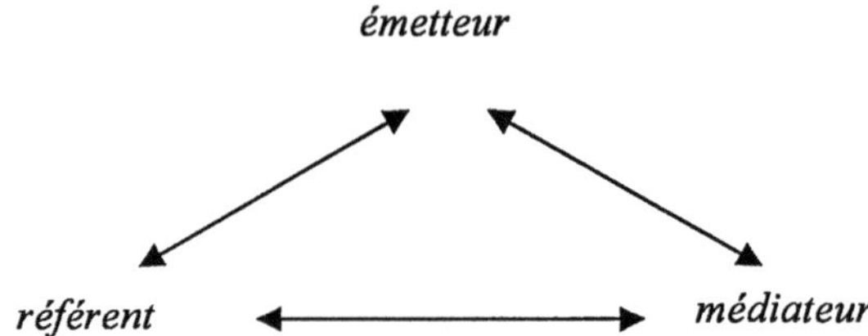

Si le cinéma peut devenir pour l'élève spectateur, tour à tour et au gré des situations pédagogiques, émetteur, référent et / ou médiateur, alors et alors enfin, les situations pédagogiques pourront avoir la richesse et la diversité indispensables à toute pratique pédagogique enrichissante pour les élèves.
Ce long temps de réflexion collective et d'échanges a été suivi de la projection de divers films courts métrages au sujet desquels différentes pistes pédagogiques ont pu être évoquées. On regrettera le manque de temps qui n'a pas permis aux stagiaires de s'engager dans la recherche de solutions pédagogiques. Sans doute n'est ce que partie remise.
En conclusion, nous pouvons dire que cet atelier fut particulièrement vivant et riche.

LANGUE ET EDUCATION CIVIQUE

Geneviève Vincent, IMF

Comment relier l'apprentissage de la langue étrangère aux autres activités scolaires dans une classe de 3ème année de cycle III ?

L'atelier s'est déroulé de la façon suivante :

Séance 1 :
Au Mémorial pour la paix à Caen dans les espaces consacrés à la paix. Après une présentation de l'atelier, nous participons à une mise en situation dans les ateliers de la paix, dans le cadre de l'éducation civique et au théâtre forum dans le cadre de l'enseignement de la langue, ici, l'anglais. Après une mise en commun, nous engageons une réflexion sur les activités proposées et cherchons quelles seraient les pistes à explorer.

Séance 2 :
À l'IUFM, nous menons une exploration des pistes à étudier pour élaborer un projet d'enseignement liant l'apprentissage de la langue anglaise et l'éducation civique. Le travail est effectué à partir de supports oraux et écrits préalablement réalisés en classe (CM2). L'orientation du travail se tourne vers l'éducation à la citoyenneté, la pratique des actes de paroles, l'entraînement à la communication orale et l'intérêt de placer les apprenants en situation de prise de risques. Il s'agit d'aller du connu vers l'inconnu ; l'élève doit avoir l'occasion de mettre ce qu'il sait au service de ce qu'il veut savoir. Nous mettrons en place une stratégie d'apprentissage qui sera d'apprendre à l'élève à repérer et comprendre ce qu'il connaît dans la langue ou dans le domaine de l'éducation civique, et à l'utiliser pour accéder à ce qui lui est inconnu. Nous commençons à élaborer un projet.

Séances 3 et 4 :
Nous élaborons un mini projet qui met en relief le fait que les compétences développées dans le cadre de l'apprentissage d'une langue étrangère sont transférables aux autres apprentissages.

Séance 5 :
Nous présentons les travaux réalisés dans l'atelier à travers des jeux de mémorisation, des poèmes, une saynète et des explications.
Les supports utilisés sont :
les nouveaux programmes.
les documents d'application.
la méthode d'anglais utilisée dans la classe de référence « Join in »
les documents proposés aux élèves de la classe de 3eme année du cycle III
les diverses réalisations des élèves.
deux classes d'anglais filmées.
des jeux, des chants, des livres, manuels scolaires et autres.

Démarche de travail proposée :
mises en situation,
réflexions et discussions,
élaboration

Lors de l'atelier, l'accent est mis sur la réflexion à conduire en permanence sur le contenu, les stratégies d'apprentissage mises en place, le rôle de l'élève, de l'enseignant mais aussi la faisabilité de l'activité proposée. Nous nous plaçons toujours du point de vue de l'apprentissage d'une langue vivante -ici l'anglais- et de celui de l'éducation civique sur le thème « vivre en paix ».
L'objectif du travail est de relier l'apprentissage d'une langue aux autres disciplines scolaires, en l'occurrence, l'éducation civique. Il paraît très important que l'enseignement d'une langue étrangère à l'école élémentaire ait la même place que les autres enseignements scolaires ; la langue vivante doit être reconnue par les élèves et les enseignants comme une discipline à appréhender au même titre que les mathématiques, le français ou encore l'histoire ... Il est bien sûr établi que l'horaire consacré à la discipline « langue étrangère » est réellement effectué, soit 2 fois 45 minutes par semaine au cycle III, pour l'école élémentaire. Il s'agira bien d'un enseignement oral et écrit, favorisant l'acquisition d'actes de paroles, par exemple, pour développer la communication orale. L'élève sera mis en

situation de pratiquer la langue, donc de communiquer. L'enseignant mettra en place des stratégies d'apprentissage pour que les élèves puissent acquérir la langue. Celles-ci pourront être transférables aux autres apprentissages de l'école. Nous remarquons également que nous plaçons l'élève en situation de communication, ce qui l'oblige à oser, à prendre des risques pour parler la langue. C'est-à-dire que l'apprenant émet une hypothèse, propose une solution, parle, et qu'il n'est pas sûr de la réussite. Nous cherchons à rendre cet élève plus autonome et performant. Cette attitude se retrouvera dans d'autres situations d'apprentissage et favorisera les acquisitions. Nous noterons aussi que le fait de travailler autour d'un thème commun à plusieurs disciplines aide l'élève à mieux se repérer pour apprendre. La démarche d'apprentissage est semblable pour toutes les disciplines : découverte, recherche, expérimentation, appropriation, fixation, réinvestissement, évaluation.
Le lexique est étudié à la fois dans la langue maternelle et la langue étrangère étudiée.

Projet élaboré : Travail mené autour du thème de la notion de citoyenneté. Devenir un citoyen, un adulte responsable de ses paroles et de ses actes. Agir ensemble pour que le monde soit plus pacifique et moins violent. Vivre dans un monde de paix en réfléchissant sur ce que l'on peut faire pour « penser la paix » ou « living peace » comme cela est proposé au Mémorial. Prendre conscience de ce que les hommes engagent comme actions de paix.
Nous menons conjointement un travail en langue, ici l'anglais, dans le cadre de l'enrichissement du capital lexical, l'étude d'actes de parole et des registres du langage.

Les activités dans le cadre de l'apprentissage de l'anglais
Activités transposables ?
La question s'est tout d'abord posée de savoir si les activités proposées dans le cadre de l'apprentissage de l'anglais, étaient transposables à d'autres langues comme l'espagnol, l'allemand ou l'italien. Sachant qu'il existe des spécificités liées à chaque langue, il a été convenu que l'on pouvait reprendre les activités

mais que l'on choisirait des mots différents pour rendre les acquisitions langagières intéressantes.
En classe, on apprendra les mots par opposition pour mieux les mémoriser. Peace / war, big / small, peaceful / violent ... On découvrira un mot dans des langues différentes, Paix / Peace / Pax / Friede / Pace / Salam / Shalom.

On développera les actes de parole, « parler de soi »,

- where are you from?
- where do you come from?
- what's your nationality?

« parler de ce que l'on a vu » au Mémorial,

- I like, I don't like, I prefer.
- I liked, I didn't like, I preferred.

On enrichira le lexique, < Europe, America, Indians, circle, Indian pipe, pens, peace, violence, world, words, living peace, thinking peace ... >.
Lors de la visite au Mémorial, les élèves devront découvrir une dizaine de mots écrits sur les textes et les affiches. Ils auront comme aide un baladeur pour écouter les mots enregistrés et une fiche de visite. Sur cette fiche seront dessinées des vignettes pour illustrer le mot à trouver.
En classe on procédera à une confrontation entre l'oral et l'écrit. En anglais le rapport graphie/phonie est souvent opaque. Pour faire comprendre le vocabulaire, on partira du simple pour aller vers le complexe. Le contexte aidera à la compréhension. On étudiera aussi la place de l'adjectif par rapport au nom dans langue anglaise. < Indian pipe, Eastern Europe, Western Europe, American Indians ...>

Un travail sera mené sur l'accentuation des mots en anglais : < America, violence, Indian, Europe > ou sur les sons tendus : < peace, world, circle >.

L'élève devra prendre de la distance par rapport à la langue étudiée en s'éloignant de la traduction pour comprendre le sens. Au Mémorial, < Penser la paix > en langue française est « traduit » par < Living peace > en langue anglaise. On remarquera que la traduction habituelle du verbe « penser » est to think et non to live. Il convient donc d'intégrer la dimension culturelle dans toute traduction. Il est important de faire découvrir la culture du pays de la langue étudiée pour améliorer sa compréhension et la compétence de communication de l'apprenant.

Création d'un dialogue

Il s'agit de créer un dialogue avec les élèves en ayant toujours comme références, la saynète de racket proposée au théâtre forum lors de la visite au Mémorial et les dialogues écrits en français. L'apport langagier de la part de l'enseignant sera très important. Il faudra veiller à ne pas noyer les élèves dans un lexique et des situations langagières trop compliqués. Ceci pouvant nuire à la spontanéité et au plaisir de jouer, de parler. On répétera plusieurs mini-saynètes en anglais en partant d'un vocabulaire simple pour arriver à un lexique plus difficile. La place faite au jeu théâtral sera importante. On s'attachera à développer la gestuelle, à savoir utiliser son corps. La compréhension du sens sera toujours vérifiée. On demandera à l'élève, acteur, de se glisser dans la peau du personnage qu'il interprète. « Tu es un anglais, sois acteur dans la langue ». Dans l'expression corporelle, vers l'expression d'une attitude de personne forte qui sait refuser la soumission, qui oppose un refus, si tel est son rôle.

Dans le cadre de l'atelier, un dialogue plus adapté est élaboré à partir de celui créé et joué par les élèves de la classe de CM2 dont on a pu visionner un enregistrement vidéo.

Dialogue 1 : Brian is a boy. Today, on his way back from school, he meets Jason. Jason is thirteen. He is always looking for trouble. Jason pinches Brian for no reason.

Jason : Hey you, what are you doing to me ?
Brian : Nothing, I didn't do anything to you.
Jason : Don't play with me, little shrimp. You pinched me.
Brian : No I didn't pinch you. And you know it, Jason. So what do you want today ?
Jason : Good boy, you understand. I want your money.
Brian : No Jason, I don't have any money for you. Too bad.

Jason : What, little shrimp ? I don't believe it. You don't talk to me like that.Okay ?
Brian : Okay Jason I do not talk to you at all. Good bye.
Jason : Hey wait a minute. You stay here and you give me your money. Get it Brian ?
Brian : I said no Jason. Now please, get out of my way. I have to go home to see my Dad.
Jason : Are you crazy or what ? You know who I am. I am Jason, the bad one. I should scare you. I am so mean. One more time, give me your money or I call my friends. Boo.
Brian : You don't scare me. I am not afraid of you. And guess what ? My friends are there. Listen Jason, they're coming. Boo, boo, boo ...
Jason tries to run away but Brian's friends make a circle around him. He can't escape.
Children : Boo, boo, boo, Jason is a chicken, Jason is a chicken. Boo, boo, boo, Jason is a chicken.
Carla : Stop it, stop it. Let 's sit in a circle and talk together. Is it okay with you Jason?
Jason : Okay, okay.

Dialogue 2 : Brian is a boy. Today, he is going to school. He meets Jason. Jason is thirteen. He is a bad boy. Jason punches Brian for no reason.
Jason : Hey you, what is the problem ?
Brian : No problem, I am going to school and I am late.
Jason : Stop for a moment. What time is it ?
Brian : It's 8.30. I am very late, you know.
Jason : You have a beautiful watch. Give it to me.
Brian : No way, bye, bye.
Jason : Hey I want your cap.
Brian : It's not mine. It's my friend Bob's.
Jason : Come on shorty or I punch you.
Brian : Stop it Jason. I am not scared. Go away.

A noter que l'argumentation est apprise à un niveau moindre en anglais, selon le niveau, et de façon plus élaborée en français. En expression écrite, les élèves écrivent des dialogues sur le thème du « racket ».Par la force, une personne veut obtenir quelque chose d'une autre personne qui, elle, refuse.

Grâce à ce travail, les apprenants simulent une situation de communication qu'ils ont pu étudier dans les deux langues mais également en éducation civique par le biais du théâtre forum au Mémorial.

Autres supports utilisés en anglais :
Comptine, < Down is the earth. Up is the sky.
There are my friends and here I am.>

Ronde avec les balles à passer de mains en mains, < Give and receive.
Receive and give from one to another
as long as we live.>

Jeu mimé de coordination et mémorisation : Well, you know my aunt.
< Well, you know my aunt, she went to Holland and she brought me back a wooden shoe.
Well, you know my aunt, she went to Texas and she brought me back some chewing gum.
Well, you know my aunt, she went to Japan and she brought a paper fan.
Well, you know my aunt, she went to the fair and she brought me back a rocking chair.
Well, you know my aunt, she went to the zoo and she brought me back some nuts like you.>

Ces supports sont utilisés à d'autres moments de classe. Ils sont traduits en langue française.
Comptine, < Il y a la terre, il y a le ciel
Voilà mes amis et me voici.>

Ronde avec les balles, < Donne et reçois, reçois et donne,
De l'un à l'autre, tout au long de ta vie.>

Jeu mimé, < Vous savez, ma tante est allée en Hollande.
Elle m'a rapporté des sabots de bois.
Vous savez, ma tante est allée au Texas.
Elle m'a rapporté du chewing gum.
Vous savez, ma tante est allée au Japon.

Elle m'a rapporte un éventail.
Vous savez, ma tante est allée à la foire.
Elle m'a rapporté une chaise à bascule.
Vous savez, ma tante est allée au zoo.
Elle m'a rapporté des fous comme vous.>

Éducation civique et autres activités scolaires

L'objectif est l'éducation à la citoyenneté. Une visite active au Mémorial pour la paix est effectuée dans les espaces sur la paix. Un travail de découverte, recherche à partir d'un questionnaire est réalisé par les élèves en groupes de six. Ils participent à l'animation, théâtre forum sur le thème du racket entre deux élèves. Cette saynète est jouée par deux animatrices. Les enfants sont amenés à réfléchir sur la situation et à proposer des solutions pour dire non. On cherche à apprendre à être assez fort pour refuser et à être solidaires entre nous pour résoudre les problèmes.

Questionnaire, fiche de travail proposée à chaque groupe lors de la visite active du Mémorial.

Salle vitrée où se trouve le plus ancien traité de paix.
Nom de cet espace ? :
-les jardins de la paix,
-les mondes pour la paix,
-la paix.

Observez les panneaux, décrivez leur forme, la ou les couleurs, la fabrication.
Qu'est-ce que cela représente ?

Avant de rentrer dans la salle des kiosques, regardez les affichettes : il est écrit quoi ? En quelles langues ?

Entrez dans la salle des kiosques. Regardez les photos et les textes.
Titre du panneau ? :
-cultures dans le monde,
-la paix dans le monde,
-cultures de paix dans le monde.

Parle-t-on de la non-violence, de la violence ?

Les hommes en action de paix sont ? :
-des Indiens qui parlent les uns derrière les autres,
-des Africains qui parlent sous un arbre,
-des Indiens assis en rond qui fument le calumet.

Nous, que pourrions nous faire comme action de paix ?
Les Indiens se passent le calumet de l'un à l'autre. Cherchez ce que les hommes d'état se passent entre eux.

On vous propose de faire le tour du monde en ? :
80 ans, 80 jours, 80 secondes ?

Combien y a-t-il de kiosques dans la salle ? Écrivez les noms de chaque kiosque.
Quelle forme géométrique retrouvez-vous le plus souvent dans cet espace de paix ? :
le carré, le rectangle, le cercle.

Placez-vous contre la baie vitrée et face aux kiosques. Maintenant fermez les yeux. A quoi ressemble ce lieu ? :
-à une grande ville avec des tours éloignées,
-à un village avec des maisons espacées les unes des autres,
-à un village composé de huttes proches les unes des autres.

Lequel de ces lieux favorisera la vie en paix ?
Pourquoi ?

Nom du kiosque. Quels objets voyez-vous dans la vitrine? Que voit-on sur les murs ? Retrouvez des images, des textes que vous connaissez. Choisissez un objet et dessinez-le. Pourquoi avoir choisi cet objet ? Quel rapport a-t-il avec la paix ?

En classe :
- Mise en place d'un conseil d'enfants pour apprendre à s'exprimer, s'écouter, respecter les règles, connaître les droits et les devoirs, développer une attitude de citoyen.

On écrira un compte-rendu de chaque séance, qui sera signé par tous les membres du conseil en se passant le stylo de mains en mains comme le font les hommes d'état pour signer les traités de paix, en ayant comme référence le texte exposé au Mémorial, « Un peu comme ces stylos que l'on échange lors des signatures de traités ».
Lors du conseil, les élèves devront prendre la parole chacun à leur tour, en se passant un bâton de parole. Ceci rappelle le calumet de la paix que se passent les indiens entre eux avant d'engager une discussion.
« Avant de parler de choses sacrées, nous nous préparerons par des offrandes... L'un de nous remplira son calumet et le tendra à l'autre qui l'allumera et l'offrira au ciel et à la terre... Ils fumeront ensemble... Alors ils seront prêts à parler. » Proverbe indien sioux, Mato Kuwapi. Ce proverbe découvert au Mémorial, sera lu et étudié puis mémorisé. Les enfants seront engagés à établir un parallèle entre les contenus développés au Mémorial et leur vécu en classe, dans l'école, dans leur vie d'enfant.

***Activités d'exploitation : utiliser les questionnaires comme support, mémoire.**

1) À partir des six kiosques de la paix, chercher ce qui relie ces symboles entre eux, trouver les points communs.
2) Maîtrise de la langue : à l'oral, animer des débats soit à partir d'un texte comme celui du proverbe ou sur la charte des droits des enfants, soit en partant d'une situation présentée comme la saynète du théâtre forum sur le thème du racket. On engagera les élèves à se positionner dans un camp, à prendre parti et à argumenter. Il leur sera demandé de défendre une position qui n'est pas nécessairement la leur. A l'écrit, écrire un dialogue sur la base de la scène du racket. L'intérêt étant de ramener ce problème au niveau de l'âge d'enfants de CM2. Comment gérer une situation de conflit ? Savoir donner son avis. Être capable de développer des arguments pour se défendre, pour se protéger.
3) En lien avec l'histoire : étudier l'origine des conflits mondiaux, visiter la partie du Mémorial consacrée à ce thème, réfléchir sur l'architecture du lieu comme la spirale qui descend, réfléchir sur les conséquences d'un conflit, où cela

mène-t-il ? Examiner le rapport existant entre pouvoir et puissance.

4) En chant : Apprendre la chanson issue des « Partitions fantômes » numéro 11, intitulée « Le droit des enfants » de Dominique Dimey.

« Je suis né dans un pays
Où je mange quand je veux
Où je grandis heureux
Mais toi tu cours après la vie
Pour de l'eau, pour du riz
Malgré tout, tu souris.
Refrain Tous aller à l'école, c'est le droit des enfants.
Obtenir la parole, c'est le droit des enfants.
Manger tous à sa faim, c'est le droit des enfants.
Ne plus tendre la main, c'est le droit des enfants ... »

Autre support, le livre édité par l'Unicef en anglais et en français, « Children just like me ».

Conclusion

« Si tu souris, c'est moitié pour ton visage, moitié pour celui d'autrui. La paix ... c'est comme un sourire. »

« If you smile half is for your face, half for your neighbour. Peace... is like a smile. »

Les élèves réaliseront un dossier contenant toutes les productions élaborées dans les deux langues mais aussi dans les différentes disciplines scolaires. Ils pourront également réaliser une exposition dans l'école.

Bibliographie

Abdallah-Pretceille M., Porcher L., *Éducation et communication interculturelle*, PUF, Paris, 1996.

Abdallah-Pretceille M., Porcher L., *Ethique de la diversité et éducation,* PUF, Paris, 1998.

Arnberg L., *Raising Children Bilingually : The pre-school years,* Multilingual Matters, Clevedon upon Avon, England, 1987.

Audin L., Ligozat M.-A., Luc C., *Enseignement des langues vivantes au CM2*, INRP, 1999.

Aumont J., Marie M., *L'analyse des films*, Paris, Nathan U, 1993.

Aumont J., *L'image*, Paris, Nathan, 1999.

Baetens Beardsmore H., *Bilingualism : Basic Principles*, Multilingual Matters,Clevedon, 1986.

Baetens Beardsmore H., *European Models of Bilingual Education*, Multilingual Matters, Clevedon, England, 1993.

Baker C., *A Parents' and Teachers' Guide to Bilingualism.* Multilingual Matters, 1995.

Baker C., *Foundations of Bilingual Education and Bilingualism*, Multilingual Matters, 1996.

Baker C., Prys Jone S., *Encyclopedia of Bilingualism and Bilingual Education,* Multilingual Matters, 1999.

Barthes R., « Rhétorique de l'image », in *Communications*, n° 4.

Bialistok E., *Language Processing in Bilingual Children*, CUP, 1991.

Bijeljac R., Breton R., 2001, *Du langage aux langues*, Gallimard, Paris, 2001.

Billiez J., dir, *De la didactique des langues à la didactique du plurilinguisme - Hommage à Louise Dabène*. Grenoble, CDL-Lidilem, 1998.

Blondin C., Candelier M., Edelenbos P., Johnstone R., Kubanek-German A., Taeschner T., *Les langues étrangères dès l'école primaire ou maternelle : quels résultats, à quelles conditions ?* De Boeck, Bruxelles, 1998.

Boimare S., *L'enfant et la peur d'apprendre*, Dunod, Paris, 1999.

Brewster J., Ellis G. et Girard D., *Bridging the gap, Guide de l'anglais précoce*, penguin English, édition française , 1992.

Bruner J., *L'éducation, entrée dans la culture*, Retz, Paris, 1996

Burstall C., *Primary French in the balance*, Londres, NFER, 1974.

Byram M., Culture et éducation en langue étrangère, LAL, Crédif-Hatier, Paris, 1992.

Cambra M., « L'enseignement précoce de l'anglais, Evaluation », *Recherches Pédagogiques*, n° 107, INRP, 1980.

Candelier M. & Macaire D., « L'éveil aux langues à l'école primaire et la construction de compétences - pour mieux apprendre les langues et vivre dans une société multilingue et multiculturelle. » In : Luc Colléo, Jean-Louis Dufays; Geneviève Fabry & Costantino Maeder (dir.*), Actes de colloque de Louvain, didactique des langues romanes : le développement des compétences chez l'apprenant*, pages 495-506, Bruxelles, De Boeck – Duculot, 2001.

Candelier M., « L'éveil aux langues à l'école primaire, le programme européen ' Evlang » in *De la didactique des langues à la didactique du plurilinguisme, Hommage à Louise Dabène*, dir. J. Billiez, Université Stendhal-Grenoble 3, CDL-LIDILEM, 1998, pages 299-308

Candelier M. & Paparamborde S., *Evlang – L'éveil aux langues à l'école primaire*, Paris, Centre Audio-Visuel de l'Université R. Descartes., 2001, [Film vidéo, 23 mn].

Candelier M., dir. Evlang – *L'éveil aux langues à l'école primaire : Bilan d'une innovation européenne*, Bruxelles, De Boeck – Duculot, 2003.

Castelloti V., Moore D., « Comment le plurilinguisme vient aux enfants », in *D'une langue à d'autres : pratiques et représentations, dynamiques sociolangagières* collection Dyalang, UMR CNRS 6065, sous la direction de V. Castellotti, Université de Rouen, 2001.

CDFJW H., « Die Tandem-Methode, Theorie und Praxis » in *deutsch-französischen Sprachkursen*, Tübingen : Narr, 1999.

Cenoz J., Genesee F., *Beyond Bilingualism : Multilingualism and Multilingual Education*, Multilingual Matters, 1998.

Cicurel F., *Lectures Interactives*, Hachette, 1991.

Colin M., *Cinéma, télévision et cognition*, Nancy, Presses Universitaires, 1992.

Conseil de l'Europe, *La diversité linguistique en faveur de la citoyenneté démocratique en Europe - Actes de la Conférence d'Innsbruck*, Strasbourg : Editions du Conseil de l'Europe, 2000.

Conseil des Ministres, *Le livre blanc sur l'éducation et la formation : enseigner et apprendre, vers la société cognitive*, Bruxelles, Commission européenne, 1995.

Comiti C., Foerster C., Marzin P., Simon D-L., Simon J-P. « Didactique des disciplines, formation, pratique(s) enseignante(s) » in *Didactiques, Technologies et formation des Enseignants*, dir. Brissaud, Comiti, Dabène, Masson-Vincent, Université Joseph Fourier, Université Pierre Mendès France, Université Stendhal et Institut Universitaire de Formation des Maîtres de Grenoble, vol. 2, 1999, pages 3-30.

Commission européenne, *L'apprentissage des langues vivantes en milieu scolaire dans l'Union européenne*, Etudes no. 6, 1997.

Coste D., « L'enseignement bilingue dans tous ses états ». in I. Christ et D. Coste (eds), *Aspects de l'enseignement bilingue*, ELA, p. 9-22, 1996.

Cummins J., Swain M., *Bilingualism in Education*, New York, Longman, 1986.

Cummins J., *Language Power and Pedagogy* : Bilingual children in the crossfire, Multilingual Matters, 2000.

Cyr P., *Les stratégies d'apprentissage*, Anjou/Québec, Les Éditions CEC, 1998, Paris, CLÉ International, 1996.

Dabene L., *Repères sociolinguistiques pour l'enseignement des langues*, Hachette, 1994.

Dabène L., « Problèmes, enjeux, contraintes de programmes de langues vivantes étrangères » in *Qu'est-ce qu'un programme d'enseignement ?*, C. Demonque, Paris, Hachette 1994.

Dabene L., « Comprendre les langues voisines » (en collaboration avec C. Degache), in *Etudes de Linguistique Appliquée*, n°104, 1996.

Dalgalian G., *Enfances Plurilingues, Témoignages pour une éducation bilingue et plurilingue*, L'harmattan, 2000.

Dasen P.R., Perregaux C. (eds), *Pourquoi des approches*

interculturelles en science de l'éducation ? Raisons éducatives, Bruxelles, De Boeck, 2000.

De Boisson Bardies B., *Comment la parole vient aux enfants*, Odile Jacob, 1996.

De Pietro J.F., « Ouverture aux langues : concepts, expériences, idées didactiques », *Babylonia*, n° 2, 1999.

De Pietro J.F., « La diversité des langues, un outil pour mieux comprendre la grammaire ? », *Tranel* 31, pages 179-202, 1999.

Delamotte R., François F., Porcher L, « Langage, Ethique, Education », in *Perspectives croisées*, Université de Rouen n°231.

Deprez C., *Les enfants bilingues : Langues et familles*, Didier, Crédif, 1994.

Duvillié R., *Une éthnopsychiatre à l'école*, Bayard, Paris, 2001.

Edwards J., *Language, Society and Identity*, Oxford. Blackwell, 1985.

Fishman J.A., *Language and Ethnicity in a Minority, a Sociolinguistic Perspective*, Multilingual matters, 1989.

Fishman J.A., *Reversing Language Shift*, Multilingual Matters, 1991.

Foerster C. & Simon D-L. « Dix ans de formation des enseignants de langues vivantes à l'école élémentaire en France : Fête ou foire ? », intervention (non publiée) pour la Journée d'Etude de l'Acedle, Paris, novembre 1998.

Foerster C. & Simon D-L. « Formation des enseignants : Développer un profil d'enseignant européen en articulant recherche et formation », dossier thématique développé pour l'Euroconférence : Evaluer l'innovation et établir des priorités de recherche, ENS Fontenay / St Cloud 27 septembre au 1er octobre 1998, pages 1-41.

Foerster C. & Simon D-L. « Un parcours professionnel innovant pour l'Europe : De la formation à la pratique de classe » in *Etudes de Linguistique Appliquée* no. 129, Paris, Didier, 2003, pages 51-66.

Fozza J.C., Garat A.M., Parfait F., *Petite fabrique de l'image*, Paris, Magnard, 1988.

Gajo L., Immersion, *Bilinguisme et interaction en classe*, LAL, Didier, 2001.

Gaonac'h D. (éd.), *Acquisition et utilisation d'une langue étrangère : l'approche cognitive*, Le français dans le monde, Hachette, 1990.

Gaonac'h D., « Le "don des langues" à la mode cognitiviste : existe-t-il des facteurs spécifiques de réussite dans l'apprentissage d'une langue étrangère ? », *Cahiers d'acquisition et de pathologie du langage*, fascicule 13, CALAP, Université Paris V, 1995.

Gaonac'h D., « L'enseignement précoce des langues étrangères », *Sciences Humaines* n° 123, pages 16-20, 2002.

Garabédian M., (dir.) « Quels modèles didactiques pour enseigner/apprendre une langue étrangère à de jeunes scolaires ? », in *Etudes de Linguistique Appliquée*, n° 89, Didier Erudition, Paris, 1993.

Garrett P. & James C., « Language Awareness : a way ahead » in C. James & P. Garrett (dir.) *Language Awareness in the Classroom*, London : Longman, 1992, pages 306-318.

Genelot S., « L'enseignement des langues à l'école élémentaire : quels acquis pour quels effets au collège ? Eléments d'évaluation : le cas de l'anglais », *Les Notes de l'IREDU*, avril

1996, Dijon, Institut de Recherche sur l'Economie de l'Education, Université de Dijon, 1996.

Genesee F, *Learning through two languages*, Newbury House, Cambridge, Harvard University Press, 1982.

Gervereau L., *Voir, comprendre, analyser les images*, Paris, La Découverte, 1997.

Girard D., *Apprentissage précoce des langues vivantes, critères de succès*, Conseil de la coopération culturelle, Conseil de l'Europe, Strasbourg, atelier de Graz, 1996.

Girard D., *Enseigner les langues : méthodes et pratiques*, Bordas, 1996.

Gombert J.E., *Le développement métalinguistique*, Paris, PUF, 1990.

Grosjean F., *Life with two Languages. An Introduction to Bilingualism*, Cambridge, Harvard University Press, 1982.

Grosjean F., *Bilinguisme et Biculturalisme : Théories et pratiques professionnelles*, Université de Neuchâtel, Suisse, 1992.

Groux D., *L'enseignement précoce des langues : des enjeux à la pratique*, Lyon, Chronique sociale, 1996.

Hagege C., *L'enfant aux deux langues*, Odile Jacob, Paris, 1996.

Hall E.T., *La dimension cachée*, Paris, Seuil, 1971.

Hakuta K., *Mirror of Language. The Debate on Bilingualism*, New York. Basic Books, 1987.

Hamers J.F., Blanc M., *Bilingualité et Bilinguisme*, Margada, Bruxelles, 1981.

Harding E., Riley P.,*The Bilingual Family : a Handbook for Parents*, Cambridge University Press, 1986.

Hawkins E., *Awareness of language, An Introduction*, C. U. P, 1985.

INRP, « Mobilité internationale et formation, Dimensions culturelles et enjeux professionnels »,in *Recherche et Formation* n°33, Paris : INRP, 2000.

Kaes R., *Différence culturelle et souffrances de l'identité*, Dunod, Paris, 1998.

Kail M., Fayol M. (éd.), *L'acquisition du langage*, Vol. 1et 2, PUF, 2000.

Jacquinot G., *Image et pédagogie*, Paris, PUF, 1977.

Jacquinot G., *L'école devant les écrans*, Paris, ESF, 1985.

Jacquinot G. et al. , *Les genres télévisuels dans l'enseignement*, Paris, CNDP, 1996

Joly M., *Introduction à l'analyse de l'image*, Paris, Nathan U, 1994.

Laborderie R., *Éducation à l'image et aux médias*, Paris, Nathan, 1997.

Lhote E., *Enseigner l'oral en interaction*, Hachette, 1995.

Lietti A, *Pour une éducation bilingue*, Payot, Paris, 1994.

Luc C. (éd.), *Les langues vivantes à l'école élémentaire*, Actes de colloque, INRP, 1991.

Luc C. et Bailly D., *Approche d'une langue étrangère à l'école*, Vol. 1 et 2, INRP, 1992.

Luc C., *Deux années d'initiation à une langue étrangère au cours élémentaire : réflexions, constats, analyses didactiques*, INRP, 1998.

Macaire D., « L'éveil aux langues à l'école dans un contexte européen », in *De la Didactique des langues à la didactique du plurilinguisme*, CDL-LIDILEM, Grenoble, 1998.

Macaire D., *L'éveil aux langues à l'école primaire : étude de représentations, des pratiques et de la formation d'enseignants dans le cadre d'une action d'innovation*, thèse de Sciences de l'Education, La Sorbonne, Paris, 2001.

Macaire D., « La formation des enseignants à l'école primaire : un regard sur les activités favorisant la construction de compétences spécifiques à l'éveil aux langues dans le cadre de la polyvalence », in Collès L., Dufays J-L., Fabry G., Costantino M., (dir.) *Didactique des langues romanes, le développement de compétences chez l'apprenant*, Bruxelles, De Boeck Université Collection : français -savoirs et pratiques, 2001.

Mehler J., Dupoux E., *Naître humain*, O. Jacob, Paris, 1990.

Ministère Education Nationale, *Actes des Travaux de l'Université d'Eté, Centre International de Valbonne : Objectifs, méthodes et perspectives de l'Enseignement Bilingue*, 1998.

Ministère d'Education nationale, *Qu'apprend-on à l'école élémentaire ? Les Nouveaux programmes*, CNDP, 2002.

Ministère d'Education nationale, « Programme transitoire d'enseignement des langues étrangères ou régionales au cycle des approfondissement à l'école primaire (Arrêté du 28-6-2002, Jo du 6-7-2002), in : *Langues étrangères ou régionales à l'école primaire, Bulletin officiel, hors-série n° 4,* 29 août 2002, pages 5-56;
« Programme d'enseignement des langues étrangères ou régionales à l'école primaire », in : *Langues étrangères ou régionales à l'école primaire, Bulletin officiel, hors-série n° 4*, 29 août 2002, pages 57-113.

Ministère d'Education nationale, « Arrêté fixant les horaires des écoles maternelles et élémentaires (A. du 25-1-2002. Jo du 10-2-2002), in : Horaires et programmes, Bulletin officiel, hors-série n° 1, 14 février 2002, pages 3-4;
« Arrêté fixant les programmes d'enseignement de l'école primaire », in : *Horaires et programmes, Bulletin officiel, hors-série n°1*, 14 février 2002, pages 5-94.

Moore D., (éd.), *L'éveil au langage*, Paris, Crédif/Lidilem & Didier Erudition.

Morin E., « Introduction aux journées thématiques », *Relier les connaissances, le défi du XXI siècle*, Seuil, 1999.

Odin R., *Cinéma et production de sens*, Paris, A. Colin, 1991.

Paquay L., Altet M. & perrenoud P., *Former des enseignants professionnels. Quelles stratégies ? Quelles compétences ?* Bruxelles, De Boeck Education, Collection : perspectives in Education, (3ème éd.) 2001.

Paulston C.B, *International Handbook of Bilingualism and Bilingual Education*, Greenwood, New York, 1988.

Perdereau-Bilski M.P., « De l'ouverture aux langues-cultures vers la construction de compétences transversales dès la petite enfance », in *Actes du colloque « Didactique des langues romanes : le développement de compétences chez l'apprenant »*, Louvain-La-Neuve, De Boeck-Duculot, Belgique, 2000.

Perdereau-Bilski M.P., « Baba Yaga, c'est un mot russe né ailleurs : ouverture aux langues-cultures dès la petite enfance », in *Actes du colloque international « Langues, Xénophobie, xénopholie dans une Europe multiculturelle »*, sous la direction de G. Zarate, ENS de Fontenay/Saint Cloud, CNDP, Paris, 2001.

Perregaux C., *L'école, espace plurilingue*, Lidil 11, pages 125-139, 1995.

Perregaux C., de Goumoëns C., Jeannot D. & de Pietro J.F., (Dir.) *Education au langage et ouverture aux langues à l'école* (Eole), Neuchâtel, Secrétariat général de la CIIP, 2 volumes. [supports didactiques], 2002.

Perrenoud P., *Dix nouvelles compétences pour enseigner*, Paris, ESF, 1999.

Petrella R., 1978, *La renaissance des cultures régionales en Europe*, Ed. Entente.

Porcher L. & Groux D., *Apprentissage précoce des langues*, Paris, PUF, 2001.

Ribiere-Raverlat J., *Développer les capacités d'écoute à l'école, écoute musicale, écoute des langues*, PUF, 1997.

Rosenberger S., *L'anglais à l'école*, Editions Retz, 1997.

Sarter H., *Fremdsprachenarbeit in der Grundschule. Neue Wege. Neue Ziele*, Darmstadt, Wissenschaftliche Buchgesellschaft, 1997.

Sarter H., « Computer und Internet in der fremdsprachlich-interkulturellen Arbeit (nicht nur) in der Grundschule », in : *Französisch heute, n° 4*, pages 424-439, 2000.

Sarter H., « Anmerkungen zum französischen Lehrplan für Fremdsprachen in der Primarschule : Sprache erlebbar machen », in : *Le Nouveau Bulletin de l'A.D.E.A.F.*, Décembre 2002.

Saunders G., *Bilingual Children : From Birth to Teens*, Multilingual Matters, Clevedon upon Avon, England, 1988.

Scoffoni, Richon, Belleto-Susssel, « *L'enseignement des langues étrangères dans le primaire », Rapport de l'Inspection Générale, n°2001*-605, 2001.

Scoffoni A., « *Rapport sur le suivi de la qualité de*

l'enseignement des langues vivantes de l'école primaire », *Rapport de l'Inspection Générale de l'Education Nationale,* 2002.

Simon D. « La mise en place de l'Europe à travers l'apprentissage des langues à l'école », *Jalons pour une Europe des langues*, LIDIL no. 11, Grenoble, Presses universitaires de Grenoble 1995.

Singleton D., « Age and Second Language Learning », *The Encyclopedia of Language and Education, vol 4*, Dordrecht, Kluwer, 1997.

Skutnabb-Kangas T., *Bilingualism or not : The Education of Minorities.* Multilingua Matters, 1981.

Skutnabb-Kangas T., CUMMINS J. (eds), *Minority Education : from Shame toStruggle,* Multilingual Matters, 1988.

Swain M. and Lapkin S., *Evaluating Bilingual Education : A Canadian Case Study*, Multilingual Matters, 1982.

Tardy M., *Le professeur et les images*, Paris, PUF, 1970.

Thompson L., *Young Bilingual Learners in the Nursery School*, Multilingual Matters, 2000.

Trezeux G., 1995, « Enseignement Bilingue et Politique Linguistique », *Revue Internationale d' Education N°7*, CIEP Sèvres.

Todd E., *Le destin des immigrés*, Seuil, 1994.

Vanoye F., Goliot-Lété A., *Précis d'analyse filmique*, Paris, Nathan U, 1994.

Vasseur M.T., « Apprendre à être professeur de langue étrangère dans un pays étranger », in *Mobilité internationale et formation. Dimension culturelle et enjeux professionnels*, Recherche et formation n° 33, Paris, INRP, 2000, p. 45-61.

Viselthier B., « Formation fourre-tout à la va-vite ou itinéraire de qualification : quel avenir pour la formation en langues à l'école élémentaire ? », in *Etudes de Linguistique Appliquée*, no. 129, Paris, Didier, 2003.

Vygotski L.S., *Pensée et langage*, Messidor -Terrains/Editions Sociales, Paris, 1985.

Walter H., *L'aventure des langues en occident, leur origine, leur histoire, leur géographie*, Laffont, 1994.

Walter H., *L'avenir des mots français venus d'ailleurs*, Laffont, 1997.

Walter H., *Honni soit qui mal y pense, L'incroyable histoire d'amour entre le français et l'anglais*, Laffont, 2001.

Zazzo R. & B., *Conduites et consciences*, Neuchâtel, Delachaux et Niestlé, 1968.

654878 - Mai 2016
Achevé d'imprimer par